스스로에게
무례한 _____ 너에게

스스로에게
무례한 _____ 너에게

정신의학과 심리학이
조각난 마음에게 전하는 말

임찬영 지음

홍익피앤씨

3장   싫다고 말하지 못하는 _____ 너에게

우리의 삶은 결코 아름답지만은 않습니다. 우리는 매일같이 맑은 날이길 기대하지만, 삶이라는 날씨는 흐리거나 가벼운 비를 뿌리는 날들이 더 많습니다.

세상이 공정하게 흘러가는 것도 아닙니다. 나름의 노력을 다한다고 해도 그 노력이 항상 보답으로 돌아오지도 않습니다. 그래서 우리는 오히려 실망스런 결과에 좌절할 때가 많습니다.

그럼에도 우리는 우리의 일상을 꿋꿋하게 살아갑니다. 뜻대로 풀리지 않을 때도 있지만 나에게 주어진 길을 한 걸음씩 걸어가면서 주어지는 소소한 행복들을 마주하게 됩니다.

하지만 어느 순간에는 삶이 무척이나 버겁다고 느껴지는 순간이 찾아오기 마련입니다. 나름의 노력을 다해 왔음에도 말입니다. 때로는 그 무게가 쌓여서 마음의 병이 되고 제대로 살아갈 힘을 잃어버리는 날이 있기도 합니다.

그런 날에 우리 스스로를 너무 무례하게 대하지 않았으면 합니다.

우리는 몸의 상처는 잘 돌보면서도 정작 마음이 힘든 순간에는 잘 돌보지 않습니다. 남들에게는 차마 건네지 못할 날선 비난의 말들을 자신에게는 쉽게 내뱉을 때도 있습니다.

"남들은 다 괜찮은데 왜 혼자만 유난스럽게 힘들어하니?"

"다 내 잘못이지, 내가 너무 나약해서 그래."

이런 날카로운 말들을 나 자신에게 아무렇지도 않게 쏟아내곤 합니다.

우리는 간혹 착각을 하며 살아갑니다. 이 날선 비난이야말로 나를 객관적으로 바라보는 것이고, 이 과정을 통해 앞으로 나아가는 데 도움이 된다고 생각하는 것입니다.

마냥 따뜻하게 바라볼 필요도 없고, 잘못한 부분을 억지로 좋게 포장할 필요도 없습니다. 그냥 내 주변의 소중한 사람을 대하는 정도로만 나 스스로를 바라보고, 이야기를 건네주었으면 합니다. 만약 나의 소중한 사람이 삶의 한 순간 어려움을 경험하고 있을 때, 우리는 어떤 말을 건넬까요?

이 책은 당신이 경험하는 여러 상황들이 '당신의 잘못이 아니다'라는 말을 해주기 위한 것입니다. 스스로에게 무례하게 건네는 말과 생각들이 잘못된 것일 수 있음을 말해 주기 위한 책입니다.

이 책을 처음 시작하게 된 계기는 개인 블로그나 정신의학신문에 연재한 글을 보고 진료실에 있는 저를 찾아와 주신 사람들 덕분입니다. 제 글이 자신들의 이야기를 하는 것처럼 느껴졌고 많은 위안을 받아 감사했다는 이야기를 들었을 때, 저 역시도 그 말이 너무 감사했습니다. 그 기억들이 저의 많은 부족함에도 글을 계속 써나가게 하는 동력이 되었습니다.

책을 쓰면서 가장 고심했던 부분은 긍정만을 강요하는 조언이 되지 않으면서도 부족함을 다시금 자각하게 만들고, 변화를 해야만 한다는 가혹한 조언이 되지 않았으면 하는 마음이었습니다. 그렇기에 이 책이 누군가를 가르치거나 설득하기 위한 내용이 아니라 자기 자신을 이해하는 과정이 되었으면 합니다.

책의 내용은 가능한 한 많은 분들이 공감할 수 있는 이야기를 다루려고 했습니다. 그러기 위해 실제 정신건강의학과 진료실에서 요사이 흔하게 오가는 이야기를 다루려고 했습니다.

정신과에 대한 인식이 많이 개선되었음에도 정신과를 방문하는 길에는 많은 망설임의 흔적이 묻어 있습니다. 많은 분들이 책을 통해 간접적으로나마 정신과를 방문하는 느낌을 경험했으면 합니다.

책의 이야기는 실제 사례가 아니지만 많은 사람들이 진료실에 가지고 오는 이야기를 다루었습니다. 저는 이 이야기들이 가능한 당신의 것처럼 느껴졌으면 했습니다. 직접 경험한 일은 아니지만, 우리 모두가 경험하고 고민할 법한 이야기들을 다루었기 때문입니다.

자존감에 대한 고민, 자신감이 부족한 순간, 우울감에 빠져 있을 때, 무엇인가 상실해서 고통스러운 순간, 나를 괴롭히는 좋지 못한 주변인들…….

이런 경험들 때문에 흔들리는 마음이 나의 부족함을 말하는 것은 아닙니다. 나의 부족함 때문이 아니라 우리 모두가 경험하는 보편적인 이야기라는 생각을 하면서 '사는 것이 그냥 원래 그렇구나', '다들 이런 고민을 하면서 살아가는구나'라는 위안을 받았으면 합니다.

저는 그러한 경험들을 마주한 정신건강의학과 의사가 진료실에서 이야기를 들으며 어떤 이해를 하고, 실제 어떤 조언을 하는지를 써보려 했습니다.

건네는 조언의 대부분은 진료실에서 제가 실제로 많이 하는 이야기들입니다. 막연하고 이상적인 조언이나 긍정성만을 강조한 일방적인 위로보다는 실질적으로 도움이 될 수 있는 이야기를 나누려 했습니다.

진료실에서 이야기를 들으면서 제가 가지는 생각들을 가능한 쉽게 풀어서 적으려고 했습니다. 바로 이해가 가지 않는 어려운 이야기들은 가능한 지양하려 노력하였습니다.

이 책은 크게 세 개의 장으로 구성되어 있습니다. 각각의 글은 사례로 시작하고 이어서 정신의학적인 이해와 조언을 다루었습니다. 마지막에는 전반적인 내용을 정리하는 단락을 마련했습니다.

이 책이 아주 엄격한 잣대만을 고집하며 자신이 문제라고 확신하는 사람들에게, 높은 자존감이라는 말처럼 지나치게 이상적인 목표만을 스스로에게 강요하며 자신을 쉽게 비난하는 사람들에게, 늘 우울함에 빠져 있고 다시 좋아지지 않을 거라고 생각하는 사람들에게……. 그런 생각들이 틀렸을 수도 있음을 바라보는 계기가 되었으면 합니다.

책을 통해 마음에 변화를 일으키는 것은 쉬운 일이 아니라는 생각을 하면서도 당신의 마음을 조금이라도 나아지게 하는 데 보탬이 되기를 바랍니다.

임찬영 드림

이 책이 엄격한 잣대만을 고집하며 자신이 문제라고 믿는 사람들에게,

지나치게 이상적인 목표만을 스스로에게 강요하며 자신을 비난하는 사람들에게,

늘 우울함에 빠져서 다시 좋아지지 않을 거라고 생각하는 사람들에게…….

그런 생각이 틀렸을 수도 있음을 바라보는 계기가 되었으면 합니다.

1장

자존감이 낮다고 생각하는___너에게

남들은 저의 부족한 모습을 모를 거예요

멀리서 보기에 저는 괜찮은 사람으로 보일 것 같습니다. 고등학교 교사라는 사회적 위치도 그렇고, 다른 사람들에게 친절하고 예의 바른 모습으로 보이기 위해 항상 노력하기 때문이죠. 그래서인지 가끔 신사라는 말도 듣지만, 저의 속마음은 전혀 다릅니다.

저는 쉽게 부끄러움을 느낍니다. 누가 뭐라고 한 것도 아닌데 작은 칭찬 한 마디에 혼자 쑥스러워하고 남들이 툭 던지는 핀잔 한 마디에도 크게 당황합니다. 뭐가 그렇게 미안한 일이 많은지 저도 모르게 매번 '죄송하지만……'이라는 말로 대화를 시작하곤 합니다.

저는 제 모습이 마음에 들지 않았습니다. 그래서 저 자신을 비난하면서 계속 몰아붙여 가며 노력해 왔습니다. 그런데 이제는 좀 지친 것 같습니다. 작은 일에도 우울해지고 예전보다 주변의 눈치도 더 많이 보곤 합니다.

스스로 자존감이 낮다는 생각에 사람들 입에 오르내리는 심리학 책을 읽어 보기도 하고, 심리 상담을 받아 보기도 했습니다. 자기계발서를 읽으며 책에서 말하는 것처럼 명상도 하고 실천도 해보았습니다. 그런데도 제 마음은 늘 작은 바람에도 쉽게 흔들리네요. 주변에 저보다 잘나 보이는 자존감 높은 사람들이 있으면 그 사람과 저를 비교하며 자책에 빠지곤 합니다.

남들은 제가 이렇게 힘들어하는 것을 모를 겁니다. 겉으로는 흔들리지 않는 모습으로 보이려고 노력하니까요. 하지만 사실 제 마음은 그렇게 강하지 않습니다. 저의 이런 문제를 어떻게 극복할 수 있을까요?

자존감이 높아야
한다는 거짓말

❝ 바닥까지 내려간 자존감 때문에 고민이에요 ❞

자존감이 항상 높을 수는 없다

우리는 살면서 힘겨운 일을 마주할 때가 많습니다. 그럴 때 우리의 자존감은 이리저리 흔들리게 됩니다. 자존감은 내면화되어 있지만 외부 영향을 많이 받기 때문입니다.

　내면화된 자존감이 강한 사람이라면 어떤 어려움에도 잘 헤쳐 나 갈 거라는 기대감이 있지만, 우리들 대부분은 그만큼의 강한 자존 감을 갖지 못한 채 살아갑니다.

　그래서인지 우리의 자존감은 높았다가 다시 낮아지기를 반복합 니다. 내 뜻대로 되지 않고 자존심이 상하는 일이 있으면 '내가 항상 이 모양이지⋯⋯' 하면서 자존감이 떨어졌다가 반대로 나의 노력이 보상을 받을 때는 '역시 나는 괜찮은 사람이야!' 하면서 자존감이 높아지는 순간을 만나게 됩니다.

나는 직업상 사회적으로 부러워할 만한 위치에 있는 사람들을 만나곤 합니다. 진료실에서 만나기도 하고, 이런저런 인간관계 속에서 만나기도 합니다. 그들을 보면서 행복할 만한 조건을 두루 갖춘 사람들 역시 많은 고민을 껴안고 살아간다는 사실을 알게 됩니다.

배부른 고민이라고 비웃는 사람도 있지만 사회적으로 많은 것을 갖춘 사람들 중에도 극단적인 선택을 하는 경우가 있는 걸 보면 그들이 겪는 어려움이 결코 가볍지 않다는 걸 알게 됩니다.

물론 구체적인 고민의 내용은 사람마다, 그리고 처한 상황에 따라 다를 것입니다. 하지만 우리 모두는 큰 범주에서는 비슷한 고민을 안고 살아갑니다. 개인사나 직장에서의 갈등과 같은 현실적인 문제, 미래의 좋지 못한 상황에 대한 막연한 불안 등등이 그것들이죠. 사회적으로 많은 것을 갖춘 사람이라고 해도 이런 고민들을 피할 수는 없는 것 같습니다.

이런 현상만 놓고 봐도 좋은 직장, 높은 지위, 주위 사람들의 존경 등 겉으로 보이는 화려한 조건들이 행복을 담보하는 것은 결코 아닌 것 같습니다.

오히려 사회적으로 괜찮은 위치에 있고 많은 것을 성취한 사람들 중에 보통 사람들보다 더 불안해하고 쉽게 우울감을 느끼는 경우도 많습니다.

예를 들어 제2차 세계대전을 승리로 이끈 영국의 윈스턴 처칠 수상은 지금까지도 세상 사람들의 존경을 받는 위인입니다. 그는 영국의 명문가 출신인 데다 숱한 업적을 이룬 엘리트 정치인이었고, 노벨문학상을 받은 유명한 작가였습니다.

하지만 그 이면에는 전혀 다른 모습이 있었습니다. 그는 평생을 지독히도 낮은 자존감과 우울감 속에서 살아갔습니다. 그는 열차를 탈 때면 철로 가까이로는 절대 가까이 가지 못했습니다. 항상 뛰어들어 버리고 싶은 충동 때문에 철로를 무서워했다는 사실은 그의 마음이 어떠했는지 짐작하게 합니다.

그래서인지 그는 자신이 경험하는 우울감을 '검은 개black dog'에 빗대어 표현했습니다. 집 안에서 검은 개와 더불어 평생을 살아가듯이 항상 우울감이 곁에 존재했다는 뜻입니다.

자기애가 너무 강한 사람

자기심리학self psychology 을 주창한 미국의 정신분석학자 하인츠 코헛Heinz Kohut 박사는 자존감의 손상에 민감한 사람들이나 작은 실패나 타인의 무시에 크게 상처받는 사람들을 가리켜 '자기애가 지나치게 강한 사람'이라고 말했습니다.

자존감이 낮은 사람이 자기애가 강하다는 말은 의외의 표현일 수 있습니다. 그 이유는 흔히들 자기애가 강하다는 말을 자신감이 높고 자기를 사랑한다고 이해하기 때문입니다.

그런데 사실은 자기애가 높다는 말이 항상 좋은 의미는 아닐 수 있습니다. 우리는 살면서 무의식적으로 내가 어느 정도는 되어야 한다는 잠정적인 목표를 세웁니다. 그런데 자기애가 강한 사람은 자기도 모르게 항상 좀 더 큰 목표를 잡는 습관이 있습니다. 그만큼 자기 자신을 크게 보기 때문입니다.

"나는 적어도 이 정도의 사람은 되어야만 해."

"나는 당연히 이 정도의 성공은 거두어야 돼."

이처럼 자신의 능력을 넘어서는 과장된 기대를 하는 사람을 자기애가 강하다고 부릅니다. 이런 이야기는 다시 말해서 '자의식 과잉'이라는 표현과 같습니다. 바로 윈스턴 처칠이 여기에 해당된다고 볼 수 있습니다.

이때 자기애가 높은 사람이 자신이 생각하는 어느 수준에 이르지 못할 때, 그에게는 여지없이 문제가 생깁니다. 성취를 이룬 타인들과 비교하게 되고, 남들이 자신을 우습게 볼 거라고 생각하면서 수치심을 느낍니다.

학교에서 발표하는 상황을 가정해 보면, 내가 열심히 외워 온 것을 100% 발표하지 못하는 상황이 있습니다. 잘하다가도 가끔은 실수를 하고, 어느 부분은 조금 빼먹기도 하지만 그래도 전반적인 내용은 발표했으니 아쉬움이 있어도 거기서 접는 게 일반적입니다.

대개는 그 정도 수준에서 만족하고 물러서지만 자기애가 높은 사람은 그쯤에서 만족하지 못하고 생각만큼 못한 부분에 신경을 쓰면서 자책하게 됩니다. 그는 80점짜리 발표는 그냥 실패라고 생각하는 것입니다.

스스로에 대한 지독한 자기검열이 문제다

사회적으로 성공한 사람들 중에는 이런 경향의 사람이 의외로 아주 많습니다. 이유는 자신을 더 엄격하게 통제하기 때문인데, 대부분 목표의식이 높고 잘 해내고 싶은 열망이 있어서 좋은 위치에 오른 경우가 많습니다.

하지만 마음속으로는 만족을 못하고 자기 자신에 대해 쉽게 실망하고 부끄러워하면서 저평가를 합니다. 사회적으로는 큰 소리도 내면서 높은 자리에 앉아 있어도 속으로는 낮은 자존감에 시달리는 그들은 그토록 원하는 성공을 했으면서도 결코 행복할 수가 없습니다.

자기애 성향이 강한 사람은 이런저런 목표를 세우고 달성을 하면 행복해하지만, 그것은 잠시뿐입니다. 조금 지나면 다시 앞서가는 사람과 비교하게 되고, 또 다른 목표를 세워 자신을 채찍질합니다.

그들은 하루하루가 등산하는 것과 같습니다. 눈앞에 보이는 높은 봉우리를 목표로 땀을 뻘뻘 흘리면서 올라갔는데, 막상 도착하고 보니 더 높은 봉우리가 펼쳐져 있는 것처럼 말입니다.

그렇기에 그들은 계속해서 노력을 해도 '조금만 더, 조금만 더' 하면서 자신을 악착같이 몰아세웁니다. 처음에는 이런 과정이 그를 상당히 높은 곳까지 오르게 했을지 모르지만 결국 언젠가는 지치게 됩니다.

너무 지쳐서 방전이 되기도 하고, 때로는 우울해지기도 합니다. 목표에 도달하지 못한 것이나 성과를 잃을 것에 대한 불안이 너무 크기에 불안증이나 공황이 찾아오기도 합니다.

그런 사람들 중에는 반복되는 어려움 속에서 희망이 없고 허무하

다고 느끼면서 삶을 포기하는 경우도 있습니다. 처칠이 남긴 말이
이런 사람들의 마음을 알게 합니다. 그는 말년에 딸들에게 이렇게
말했다고 합니다.

"나는 많은 것을 성취했지만, 결국에는 아무것도 이룬 것이 없는
사람이다."

스스로에 대해 지독한 자기비난과 검열을 거듭하면서 살아간 처
칠의 삶을 아는 사람이라면 결코 그를 '성공한 사람'이라고 부르지
는 않을 것입니다.

굳이 자존감이 높은 사람이 되어야만 할까?

가끔 나에게 이렇게 묻는 사람들이 있습니다.

"선생님은 스스로 자존감이 높다고 생각하세요?"

그러면 나는 자존감이 그리 높지 않은 것 같다고 대답합니다. 어
떤 책에서 말하는 것처럼 '명함 빼고, 조건도 다 빼놓고 그냥 날 것
의 자기 자신을 사랑하나요?'라고 묻는다면, 나는 스스로를 그렇게
좋게 바라보지 않는 것 같습니다.

그래서인지 나는 살면서 행복하다고 느낄 때도 있지만 그렇지 않
다고 느낄 때도 많은 것 같습니다. 하지만 나는 자존감이 그리 높지
는 않아도 그럭저럭 잘 살아가고 있고, 사회에 도움이 되는 사람으

로 살고 있다고 생각합니다.

군이 자존감이 높은 사람이 되어야만 할까요? 나는 너무 낮지 않은 자존감이 아니라면 충분하다고 생각합니다. 자존감이 높아야만 행복한 것은 아니기 때문입니다.

주변을 돌아보면 자존감이 높다는 사람이 그리 많지가 않습니다. 그렇게 주장하는 사람들이 오히려 너무 긍정적이거나 현실감이 떨어지는 사람처럼 보이기도 합니다.

어찌 보면 우리는 '높은 자존감'이라는 오르지 못할 나무만을 쳐다보면서 지금의 나를 보지 못하는 것 아닌가 하는 느낌을 받기도 합니다. 그렇기에 자존감의 회복이 꼭 필요하다거나 행복을 위해서는 높은 자존감이 필요하다는 '자존감 만능주의'는 결코 옳은 방향이 아니라고 생각합니다.

물론 너무 낮은 자존감은 도움을 받아야 합니다. 열등감에 빠져서 일관되지 못한 눈으로 자신을 바라보고, 낮은 자존감 탓에 자신을 항상 불행한 위치로만 놓아 버리는 사람은 분명 전문적인 도움이 필요합니다.

이렇게 낮은 자존감에 시달리는 사람은 과거의 자신에 대해 생각해 보면서, 세상을 지금과 다른 '틀frame'에 넣고 바라보는 꾸준한 연습도 필요합니다.

　하지만, 대부분의 우리는 그럭저럭의 자존감을 가지고 살아갑니다. 그래서 힘들 때도 있지만 괜찮다고 느끼는 순간들도 경험하면서 살아갑니다. 그러면 충분한데도, 우리는 때때로 부족한 자존감을 가지고 있는 것처럼 느껴집니다.

　우리의 자존감이 높아져 있을 때, '나 스스로가 자존감에 문제가 없다고 느낄 때'라는 말이 더 정확한 표현일 텐데, 우리는 그런 순간에는 자존감을 별로 의식하지 않습니다. 마치 행복하고 즐거운 순간에는 행복을 별로 인식하지 못하는 것처럼 말입니다.

　자존감에 대해 생각하고 나의 마음을 돌아보는 순간은 주로 스스로가 어려움을 겪을 때가 많습니다. 괜찮을 때는 자존감을 의식하지 않고, 모자란 순간에만 자존감을 생각하기에 우리는 자존감이 항상 부족하다고 느끼게 되는 것입니다.

오늘 하루 스스로에게 점수를 준다면

자존감에 대해 크게 의식하지 않았으면 합니다. 우리가 자존감을 높이려고 노력할수록, 그리고 나의 마음과 나의 부족한 자존감에 대해 파고들수록 아이러니하게도 자존감은 더욱 낮아지기 때문입니다.

실제 자존감을 변화시키기 위한 여러 방법들이 제시되고 있습니다. 그러나 겉으로는 좋게만 보이는 방법들이 장기적으로 볼 때는 모두 효과가 있는 것 같지 않습니다. 자존감에 대해 확실한 사실은, 단순히 머릿속으로 안다고만 해서 해결되는 게 아니라는 것입니다.

자존감이 낮다고 느껴지는 나의 모습들을 좋게 바꾸려고 노력하는 것이 어쩌면 자의식 과잉일 수 있다는 사실을 알았으면 합니다. 자기애가 강한 사람들처럼 자존감이 높아야 한다는 너무 높은 목표를 세우고 자신을 몰아붙이는 것일 수 있기 때문입니다.

우리가 살고 있는 오늘 하루에 스스로 점수를 준다면 몇 점을 줄 수 있을까요? 어려움이 많은 사람들은 낮은 점수를 줄 테지만 평범한 일상을 살아가는 대부분의 사람들은 70점 내외를 이야기합니다.

물론 그날그날의 컨디션에 따라 다르겠지만 우리는 원래 그 정도의 점수, 그 정도의 나 자신으로 살아가고 있습니다. 스스로가 만족스럽고 좋게 보냈던 어느 하루가 있어서 100점에 가까운 점수를 줄 수 있는 날은 그리 많지가 않습니다.

그러니 그런 날만을 기다리면서, 그런 내가 되기 위해 훨씬 많은 수를 차지하는 평범한 70점짜리 하루하루를 희생하지 않았으면 합니다.

삶에서 자존감을 높이는 방법이나 열등감을 줄이는 많은 방법들이 결국 여기에 모이는 것 같습니다. '있는 그대로의 나를 받아들이는 것' 말입니다.

조금은 부족한 나를, 때로는 마음에 들지 않는 내 모습이나 과거의 힘들었던 경험들도 그냥 수용하자는 것입니다. 어렵겠지만 회피하지 말고, 억지로 용서하려고 노력하지도 말고 내 앞의 일상에 집중하는 것이 정말로 바람직한 삶이 아닐까 생각합니다.

우리는 오늘도 일상을 살아간다

얼마 전 방송에서 굉장히 유명한 여성 가수 한 분의 말이 마음에 와 닿았습니다.

"지치고 무료한 날에는 어떻게 보내세요?"라는 질문에 그분은 그런 날에는 생각하지 않으려고 노력한다고 대답했습니다. 그냥 집 안 정리나 설거지를 하는 등 계속 몸을 움직이면서 하루를 보낸다면서, 그런 일이 다 끝나면 그냥 멍을 때리고 있는 게 가장 좋은 것 같다고 덧붙였습니다.

자존감은 내가 소중히 생각하는 것들을 향해 꾸준히 나아가면서 발전해 나갑니다, 그것은 때로는 큰 성취일 때도 있지만 그냥 소소한 일상의 작은 성취일 때도 많습니다.

나의 부족함에도 불구하고, 내가 좋아하는 일이나 나에게 주어진 일들을 충실히 해나가면서 나의 자존감은 유지되고 발전합니다. 내가 멈추지 않고 계속 움직이고 있기 때문에 나를 둘러싼 이 세상도 전체적으로 유지가 되는 것이기도 합니다.

우리는 대부분 그냥 일상을 살아갑니다. 그냥 그런 70점 정도의 날들이 많기에 그리 나쁠 것도, 좋을 것도 없습니다. 나는 자존감이 높은 사람이야말로 '그냥 별것 아닌 일상에서 행복할 수 있는 사람'이라고 생각합니다.

유명한 스타나 사람들의 존경을 받는 명사도 결국에는 자신이 가진 시간의 대부분을 일상을 살아가는 데 보냅니다. 무대 위의 배우들을 생각해 봅시다.

화려한 무대, 빛나는 조명, 그리고 수많은 사람들의 박수소리, 겉으로 보면 온통 화려한 모습들이지만 사실 그 무대의 이면에는 배우들이 연습을 하는 몇 배의 시간들이 있습니다.

그 시간의 끝에 잠깐 반짝이는 무대가 있습니다. 큰 박수를 받으며 벅차올랐던 무대는 결국 끝이 나고, 다시 연습으로 지새우는 삶의 현장으로 돌아가야 합니다. 오리가 물에 뜨기 위해 물 아래에서 힘들게 물장구를 치는 순간들이 반복되는 것처럼 말입니다.

　화려한 주인공뿐만 아니라 우리 모두가 마찬가지입니다. 목적을 향해 노력하는 날도 있지만 보통의 일상을 살아가는 시간을 피할 수 없습니다. 돋보이지 않는 일을 할 때도 있고, 남들이 하기 싫어하는 일을 할 때도 있으며, 해봐야 그냥 티도 안 나는 그런 일일 수도 있습니다.

　그렇지만 그 일은 나에게 주어진 일이기에 의미가 있습니다. 사실 그 일을 꾸준히 성실하게 해나가면서 비로소 나의 자존감은 유지되고 발전하는 것입니다.

　나는 이런 일상을 힘겨워하지 않고 편하게 느끼는 사람이 자존감 높은 사람이라고 생각합니다. 내가 바라는 화려한 모습들을 과감하게 버리고, 아무리 뛰어난 사람일지라도 어느 순간에는 많은 사람들 중의 하나인 평범한 나를 받아들이기도 하면서 말입니다.

　그것은 결코 부끄러워할 것도, 모자란 것도 아닙니다. 모두가 다 그냥 그렇게 살아가고 있습니다. 나는 당신도 이런 삶의 주인공이 되었으면 합니다.

주어진 일상에서 행복을 느끼는 사람

예전에 중학교 교과서에서 이경희 작가의 〈현이의 연극1973년 초판〉 이라는 수필을 읽었습니다. 딸이 연극제에서 연극에 참여한다기에 엄마가 구경을 가는 내용입니다. 주말마다 열심히 연습한 딸이 꼭 보러 오라기에 엄마는 큰 기대를 하고 갑니다.

그런데 이게 웬일입니까? 딸은 풀잎이라는 역할이라는데 막상 연극에서는 주인공도 아니었으며, 멀리서 보면 잘 보이지도 않고 대사마저 제대로 없는 작은 역할이었습니다. 엄마는 자신도 모르게 실망하게 됩니다. 딸이 좀 더 두드러진 역할을 맡기를 바라는 게 엄마의 마음이니까요. 그런데 딸의 반응은 전혀 달랐습니다.

비록 작은 역할이지만 나름 최선을 다하고, 작은 실수라도 저지르지 않았는지 걱정을 하는 아이를 보며 엄마는 우리 모두가 이렇게 작은 역할을 하면서 일상을 살아간다는 사실을 깨닫게 됩니다.

화려한 시기가 지나고, 그냥 주어진 일에 충실해야 하는 시간이 있습니다. 그 시간을 너무 괴로워하지 않았으면 합니다. 그렇게 일상을 살아가면서 가끔씩은 사랑하는 사람과 손을 잡고 산책을 하고, 마음이 맞는 친구들과 시간을 보내고, 책을 보고, 그냥 집안일을 하는 시간들 속에서 일상의 소소한 행복을 느꼈으면 합니다.

나는 이렇게 일상에서 행복을 느끼는 사람이야말로 진짜 자존감이 높은 사람이라고 생각합니다. 그리고 그것을 위한 나의 마음들이 하나로 모아지는 것이 자존감을 높이는 방법이라고 생각합니다.

자신이 불행하다며 자존감을 높이는 방법을 묻는 사람들에게 정신건강의학과 의사는 이렇게 대답합니다.

> "자존감이 낮은 것은 문제가 아니니 너무 높아지려고 노력하지 말았으면 합니다. 자존감을 높여 더 멋진 내가 되려고 노력하는 것이 당신을 더 힘들게 만들 수 있습니다. 그냥 당신에게 주어진 오늘 하루의 일상에 충실하면 좋겠습니다. 그 충실한 하루가 모여서 나라는 사람의 자존감이 높아지는 것입니다. 그 평범한 일상들에서 작은 행복을 누리는 사람이 진정 자존감이 높은 사람입니다."

제가 이전처럼

괜찮아질 수 있을까요?

저는 꽤 성실한 편이라고 생각합니다. 어려움이 있어도 쉽게 낙담하지 않고 잘 극복해 오곤 했습니다. 그런데 아무리 노력해도 뜻대로 안 되는 일들이 연달아 몰아쳐 오는 시기가 생기게 마련이더라고요.

몸 바쳐서 일하던 회사에서 문제가 생겼는데, 건강에까지 큰 이상이 생겼다는 이야기를 들었습니다. 어디서부터 어떻게 극복해야 할지, 그냥 답이 하나도 없다는 생각만 들었습니다. 더 이상은 희망이 없다는 생각이 들고, 흔히 말하는 우울하다는 느낌이 바로 이런 것인가 싶더라고요.

스스로 괜찮다고 마음을 다잡아 봐도 좋아지지가 않았습니다. 이러던 제가 스스로 치료가 필요하다고 생각을 하게 된 것은, 어느 날저도 모르게 '죽어 버려야겠다. 그것밖에 방법이 없구나' 하는 생각을 하고 있더라고요.

사실 주변의 동료나 누군가가 우울증을 앓고 있다고 할 때는 '그냥 마음이 좀 나약하구나', '요즘은 약도 좋고 치료받으면 많이 나아진다던데……'라는 생각을 하곤 했습니다.

그런데 이것이 저에게 다가오니 너무 힘겹고 당황스럽습니다. 저같은 사람한테 우울증이 찾아올 줄은 한 번도 생각하지 못했습니다. 그냥 가볍게만 바라보던 우울증이 이렇게 힘들 거라는 것은 미처 생각하지 못했습니다.

주변에서는 제가 힘들어하는 것을 보고는 힘내라는 말을 많이 합니다. 하지만 이런 말들이 전혀 위안이 되지가 않습니다. 지금의 제가 나아져서 이전의 모습으로 돌아가지 못할 거라는 생각만 듭니다. 제가 괜찮아질 수 있을까요?

우울증은
마음의 감기가 아니다

❛ 우울증의 덫에서 벗어날 수 있을까요? ❜

우울하다는 흔한 말

우리는 주변에서 우울하다고 말하는 사람들을 자주 만납니다. 그렇게 흔하게 듣는 말인데도 사실은 이 말의 의미를 곧바로 이해하기가 쉽지 않습니다. 누가 우울하다고 말할 때, 그것이 어떤 상태인지 곧바로 그려지지 않기 때문입니다.

슬픔, 불안, 초조, 의욕저하 같은 말은 형태나 상태가 곧바로 떠오르는데 우울이라는 말은 왜 그렇지 않을까요? 이것은 우리의 문화적인 특성 때문입니다.

서양의 문화에서는 우울, 우울함, 우울감 같은 표현이 일상적으로 사용되기 때문에 문화적으로 잘 받아들여지는 편입니다. 그런 감정이 오랜 세월 그들의 문화 속에 깊이 내재되어 있기 때문에 누가 우울하다고 하면 당장 어떻고 떠오르는 형태가 있는 것입니다.

하지만 우리 문화에서는 전통적으로 우울하다는 말이 흔치 않은 표현이어서 시름이나 걱정, 근심은 흔했지만 우울하다는 말은 별로 입에 오르내리지 않았습니다. 그러다 언젠가부터 이 말이 일반화되었고, 우리의 일상 깊숙이 스며들었습니다.

우울감의 사전적인 정의는 '근심스럽거나 답답하고 활기가 없는 상태', 또는 '슬프고 불행한 감정 상태'를 뜻합니다. 여기서 드러나는 것처럼 우울이라는 감정을 이해할 때는 유의어 혹은 동반되는 증상으로 이해하면 빠릅니다.

'우울하다'의 유의어는 '행복이 없다', '활기가 없다', '긍정적인 감정이 없다', '희망이 없다' 같은 표현들입니다. 우울감에 동반되는 다른 증상으로는 불면, 불안, 초조, 걱정, 피로감, 죄책감 등이 있는데 모두 마음이 답답하고 활기가 없는 상태를 일컫는 말들입니다.

이러한 문자적인 해석을 통해 우울하다는 감정 상태에 대해 생각해 보면 우울하다는 문제는 사람마다 표현의 의미와 그 강도깊이가 많이 다르다는 사실을 알게 됩니다. 다시 말해서 내가 말하는 우울감과 상대방이 말하는 우울감은 완전히 다르다는 것입니다.

A   요즘 재미있는 일이 하나도 없어. 나는 우울해.

B   시험기간이라서 요즘 힘들어. 나는 우울해.

C   회사에서 권고사직을 당해서 어떻게 해야 할지 절망적이야. 나는 너무
    우울해.

예문에서 보듯이 우울하다는 말은 단순히 슬픈 느낌만을 말하는 게 아닙니다. 우울하다는 말의 범위는 너무도 다양한데 서양에서는 이런 감정을 묘사하는 말로 blue, gloomy, melancholy, depressive, dysphoria 등 수십 가지 단어가 존재하고 단어별로 의미와 뉘앙스에 조금씩 차이가 있습니다.

그런데 우리 문화에서는 그냥 가볍게 행복하지 않은 기분, 재미 없는 느낌, 어느 정도의 슬픈 감정, 나아가 희망이 없고 죽고 싶다는 감정을 느끼는 심한 정도까지 우울하다는 말 하나로 표현됩니다.

사람마다 다르게 경험하는 우울이란 감정

그렇다면 우울함을 받아들이는 입장에서는 어떨까요? 우울하다는 것은 눈에 보이는 게 아니라 마음속에 흐르는 감정입니다. 감정이

란 내가 주관적으로 경험하는 것이기에 다른 사람의 감정을 명확하게 인식할 수가 없습니다.

대부분의 사람들은 살면서 크든 작든 우울함을 경험하게 되는데, 그래서 자신의 경험을 바탕으로 다른 사람의 우울함을 이해하게 됩니다. 그런데 사람들마다 살면서 경험하는 우울함의 범위나 그 깊이는 완전히 다를 수밖에 없습니다.

얼마 전에 만난 40대 초반의 남자는 내게 이렇게 말했습니다.

"제가 우울하다는 것을 아내에게 절대 털어놓을 수가 없어요. 아내
도 과거에 우울증으로 치료받았기에 제가 우울해서 힘들어한다는
것을 알면 너무 가슴 아파할 것 같아요. 그래서 이런 감정을 아내에
게 말할 수가 없어요."

심한 우울함을 경험해 본 사람은 당연히 다른 사람이 우울하다는 감정 역시 크게 받아들입니다. 소중한 사람의 우울하다는 표현이, 듣는 사람마저 힘들게 하고 감정을 요동치게 할 것이라고 생각할 정도로 말입니다.

그런가 하면 가볍게 우울감을 말하는 사람이 있습니다. 시험기간이라 힘들어서 우울하다는 표현처럼 말입니다. 우울하다는 표현에서 어떤 깊이의 감정을 담아야 바람직하다는 것을 이야기하는 게

아닙니다. 다만, 우울감이라는 흔한 표현은 살랑거리는 바람부터 조금은 강한 돌개바람, 때로는 강력한 태풍에 이르기까지 여러 감정들을 포괄한다는 사실을 알았으면 합니다.

이렇게 우울하다는 흔한 말에는 다양한 어려움과 경험이 도사리고 있기 때문에 이 말 하나만을 듣고 그 사람의 감정을 충분히 이해할 수는 없습니다. 나와 그의 경험은 완전히 다르니까요.

물론 그가 소중한 사람이고, 그의 감정을 마음으로 이해하고 싶다면 충분히 듣고 그 감정에 이해해 보려고 노력해야 합니다. 이 노력이 공감적인 자세입니다.

하지만 모든 사람의 감정을 공감하려는 것은 불가능하고, 그럴 필요도 없습니다. 그렇지만 적어도 자신의 경험만을 바탕으로 다른 사람의 우울하단 감정을 쉽게 예단하지는 말아야 합니다.

흔한 말로 '우울한 것은 마음먹기 나름이다', '나도 우울한 적이 있었는데 이렇게 하면 되더라' 같은 말이 때로는 너무나 이기적일 수 있고 누군가에는 상처가 될 수도 있습니다.

우울증은 마음의 감기가 아니다

우울함이 하루 날씨라면 우울증은 계절과 같습니다. 우울함이 그냥 비가 내리는 것이라면 우울증은 장맛비입니다. 하루의 좋지 못한 날씨가 있습니다. 그게 쌓이면 계절이 됩니다. 하루 이틀 비가 내리는 일이 있습니다. 하지만 그 기간이 길어지고 거세게 내리면 장마라고 합니다.

인생의 어떤 한 지점에서 우울감을 느끼는 것은 당연한 일이지만 우울하다 느끼는 그 감정의 파고가 깊고 이런 기간이 길어진다면 우울증으로 변화될 가능성이 큽니다.

우울증을 '마음의 감기'라고 부르는 사람들이 많습니다. 흔하게 발생하는 질환이고, 상담이나 치료를 쉽게 받기 위한 노력에서 나온 말이겠지만, 나는 이 말을 별로 좋아하지 않습니다.

그 이유의 하나는 자신이 경험하는 증상이 너무 가볍게 보일 수 있기 때문이고, 또 하나의 이유는 감기 정도의 가벼운 증상 하나 극복하지 못하는 자신이 너무 한심하게 느껴질 수 있기 때문입니다.

〈커브 Curve 〉라는 제목의 단편영화가 있습니다. 감독은 이 영화를 통해 우울증을 '덫 trap '에 빗대어 표현하고 있는데, 그는 심한 우울증을 경험한 친구의 이야기를 듣고 이 영화를 만들었다고 합니다.

우울증을 겪는 환자 입장에서 경험하는 어려움에 대한 상징적인 표현으로 가득한 이 영화를 주인공 입장에서 표현해 보면 이런 문장이 됩니다.

"어느 날 눈을 떴을 때, 나는 다른 세상에 살고 있는 것 같았다. 누구에게도 도움받을 수 없는 공간에 나 혼자만 남겨졌다고 느꼈다."

〈커브〉의 내용은 다음과 같습니다.

나는 곡선 모양의 함정에 놓여졌다. 이전에 가본 적 없는 곳이고, 누가 만들었는지도 모르는 낯선 공간이었다.

"내가 잘못한 것이 있을까? 어디서부터 잘못되었을까?"

생각을 해보지만 답이 나오지 않았다. 그냥 어느 날 나는 여기에 놓이게 되었고, 시간이 지나고 나니 내가 언제부터 여기 있었는지 생각도 나지 않는다.

함정은 곡선으로 되어 있는 낭떠러지로, 나는 곡선에서도 그나마 평평한 부분에 누워 있다. 아래는 끝이 보이지 않는 낭떠러지로 어느 정도 높이인지 가늠이 되지 않는다. 위쪽으로 올라가는 건 힘들다. 너무 가파르다. 올라가려고 시도하기 위해 한 발을 내딛고 나면 다시 한 발이 뒤로 밀려난다.

그냥 버티고 있는 것만으로도 힘들다. 잠시라도 힘을 빼면 곧 아래로 추락할 것 같다. 밑은 몹시 어둡다. 한 번 떨어지면 아무것도 없는 곳으로 영원히 곤두박질칠 것 같다. 마치 지구가 입을 벌리고 떨어지는 나를 기다리는 느낌이다.

버티는 손에서는 피가 나고 손가락 마디가 뜯겨나가는 느낌이다. 앞으로 올라갈 수도, 그렇다고 떨어질 수도 없다. 문득 고개를 돌려 하늘을 보면 온통 잿빛이다. 너무 절망적이다. 답이 없다. 내가 발버둥치고 있는 것이 내 눈에 보이는 것 같다. 갑자기 내 핏빛 손자국이 절벽에 계속 묻어 있는 것같이 느껴진다.

우울증이라는 덫에서 벗어날 수 있을까요?

누군가가 느끼는 우울증은 영화 〈커브〉에서 보듯이 인생의 끝에서 만나는 빠져나오기 힘든 절망을 의미하기도 합니다. 그러나 나는 이 영화가 보여 주는 상징처럼 우울증이라는 덫이 또 마냥 무섭기만 한 것은 아니라고 생각합니다. 심한 우울증을 앓다가 많이 나아진 분의 이야기가 기억이 납니다.

"얼마 전에 남편과 10년 전으로 돌아가면 뭐를 해야 할지 이야기했어요. 비트코인도 사야 되고, 미국의 테슬라 주식도 사야 되고, 서울에 집도 사야겠다며 이런저런 이야기를 하다가 갑자기 절대로 안 되겠다는 생각이 들더라고요. 작년에 경험했던 그 우울감을 다시 경험해야 하잖아요. 죽을 것처럼 힘들어서 삶을 정리하려고 했던 그 기억이나 감정을 다시 경험할 수는 없겠더라고요. 저한테 수십억을 준다고 해도 다시 경험하고 싶지 않아요. 차라리 출산을 10번 하라고 하면 그렇게 할 것 같아요."

이 말은 두 가지를 생각하게 합니다. 우울하다는 흔한 말이 누군가에게는 정말 무거운 이야기일 수도 있겠다는 것입니다. 그러니 우울증은 감기를 경험하는 정도라고 가볍게 말하지 않았으면 합니다. 그 말이 누군가에게는 상처가 될 수 있기 때문입니다.

다른 하나는 끝나지 않을 것 같은 그 우울한 시간도 언젠가는 분명히 좋아진다는 것입니다. 희망이 없어서 삶을 포기해야겠다고 생각할 정도의 어려움이었지만, 그 끝은 분명히 있기 마련입니다.

우울증을 경험하는 분들에게 흔하게 듣는 질문 중의 하나가 '제가 다시 좋아질 수 있을까요?'라는 말입니다. 우리의 감정은 필연적으로 생각을 하게 만듭니다. 우울이라는 감정을 통한다면 일상의 일들이 우울한 빛으로 채색이 됩니다. 선글라스를 끼고 세상을 바라보는 것처럼, 우울할 때는 우울한 쪽으로만 생각을 하게 만듭니다.

그 생각 중의 하나가 '내가 이전의 괜찮았던 내 모습으로 돌아가지 못할 것'이라는 생각입니다. 지금 경험하는 우울감이 앞으로도 계속되고 영원히 회복되지 않을 거라고 생각하게 만드는 것입니다.

영화 〈커브〉에서처럼 지금 이렇게 버티고 있는 것만으로도 너무나 힘이 드는데, 앞으로 나아지지 않을 거라는 생각은 우울증을 경험하는 사람에게 더 이상 희망이 없다는 생각을 하게 만듭니다.

나는 스스로 좋아지지 않을 거라고 생각하는 것, 그리고 지금의 어려움이 언제까지나 지속될 거라고 믿는 것이 우울증의 주된 증상이라고 생각할 때도 있습니다. 평소에는 그렇게 생각하지 않았던 사람이 우울증이라는 덫에 빠지면 그런 생각에서 벗어나지 못하게 되기 때문입니다.

실제로는 많은 것을 가지고 충분히 인정받는 사람도 한 번 이러한 덫에 빠지게 되면 헤어 나오기가 쉽지 않고, 그런 상황이 심해지면 가슴 아프게도 극단적인 선택을 하기도 합니다.

"제가 좋아질 수 있을까요?"라는 질문에, 나는 이렇게 대답합니다. "안 좋아질 것 같죠? 하지만 좋아집니다."

정신의학적으로 볼 때 우울증은 양성질환입니다. 세상의 끝에 서 있는 것 같은 절망감과 어려움을 경험하는 시기가 있지만 그 시기가 지나가고 적절한 치료와 휴식을 취한다면 많은 범위에서 호전이 된다는 뜻입니다.

실제 진료실에서도 끝나지 않을 것 같은 힘든 시간을 이야기하면서 찾아오는 분들을 만납니다. 그리고 나와 함께 그 시기를 극복해

가는 분들을 많이 볼 수 있습니다.

조금의 시간이 흘러가고 스트레스에서 한 발 물러나 있는 것도 필요합니다. 때로는 필요하다면 상담과 약물 치료를 받기도 해야 합니다. 가끔씩은 악을 쓰며 일상을 버텨 나가는 시간도 필요합니다.

그 과정에서 하루 내내 지금과 같은 강도의 우울한 느낌에 사로잡혀 있지는 않습니다. 우울한 감정은 계속 남아 있겠지만 처음의 그 감정처럼 강렬하지는 않습니다. 하루 내내 이 감정이 차지하고 있다가, 하루의 절반, 며칠에 한두 번, 이렇게 점차 우울한 감정의 빈도와 강도는 점차 줄어들게 됩니다.

나를 괴롭게 했던 일들이 모두 사라지는 것은 아닙니다. 어려움을 주던 사건의 해결책이 갑자기 나타나는 것도 아닙니다. 하지만 나를 압도하던 감정이 조금씩 가라앉고 다시 바라보면 답이 없을 것 같던 상황이 조금은 달리 보이기도 합니다.

가끔 우리는 주변의 누군가가 어려운 일을 앞두고, 죽음을 생각할 정도로 힘들어했다는 말을 듣곤합니다. 그런데 가장 힘들던 그 시간을 넘기고 나니, 전혀 답이 없을 것 같은 상황에서도 극복해 나갈 만한 방향을 찾게 되었다는 말을 듣기도 합니다.

어려운 상황을 결코 가볍게 이야기하는 것은 아니지만, 우울한 감정은 상황을 더욱 안 좋게 보게 만듭니다. 우울이라는 감정이나 답이 없다는 절망에 빠진 채로 상황을 바라보지 않았으면 합니다. 그 감정이 한 꺼풀 지나가고 나서 다시 자기 삶을 바라보고 어떤 방향을 정했으면 합니다.

그냥, 괜찮다고 느끼는 날은 분명 찾아온다

'좋아질 것'이라는 말을 마냥 긍정적으로 생각해서 위로하는 이야기로 오해하지 않았으면 합니다. 당연히, 하루아침에 기분 좋은 행복감을 경험하게 되는 것은 아닙니다. 우울증이 치료가 되었다고 항상 즐거움을 느끼는 것도 아닙니다.

하지만 그냥 일상에서 소소하지만 괜찮다고 느끼는 순간을 경험하게 될 것입니다. 가족과 대화하면서 가끔은 입가에 미소를 짓게 되는 시간도 찾아옵니다. TV를 보면서 나도 모르게 웃게 되는 순간도 찾아올 것입니다. 친구를 만나 대화를 하면서 내가 지금 이 순간은 우울감을 느끼지 않았다는 것을 떠올리게 되는 순간도 분명히 경험하게 될 것입니다.

삶의 위기에서 우울증을 경험하는 사람이 있습니다. 주변의 이해를 받지 못하고, 나아지지 못할 거라는 절망을 가지고 정신건강의학과 의사를 찾아오는 사람에게 전하고 싶은 말은 이것입니다.

"우울감은 나만이 경험하는 주관적인 감정입니다. 그렇기에 우울하다는 흔한 표현만으로 내 마음을 온전히 이해받을 수는 없습니다. 마음먹기 마련이라는 흔한 위로나 마음의 감기라는 가벼운 말에 상처받지 않았으면 합니다. 어떤 우울감은 일반적인 생각보다 훨씬 무거워서 앞으로 좋아질 수 없을 것 같다며 절망을 하게도 만듭니다. 하지만 분명히 많은 경우에서 우울증은 좋아집니다. 당신 역시 이 시기를 지나고 나면 소소한 행복을 경험하며 가벼운 미소를 짓는 시기가 분명히 찾아올 것입니다."

마음이 단혀 버린 아들에게

다시 시작하지 못하고

저의 아들 때문에 걱정이 많아요. 외동아들이다 보니 어린 시절부터 무척 곱게 키웠죠. 집안에서 사랑도 많이 받았고요. 행복하게도 아이도 항상 착한 편이었어요. 공부도 곧잘 하고 친구들하고도 잘 지냈어요.

서울의 꽤 괜찮은 대학에 진학했는데, 아이가 좀 힘들어하더라고요. 혼자 생활하는 게 어려운지 게임만 하고 학교 공부나 생활은 신경을 안 쓰더라고요. 그나마도 제가 관심을 가지고 하나씩 도와주니 좀 나아지는 것 같았어요. 다행히 그 시기는 점차 지나가고 적응을 했어요.

좀 지나서 이번에는 취직이 뜻대로 안 되는 거예요. 처음 몇 년은 이런저런 준비를 하는 것 같았어요. 그러다 지금은 마냥 허송세월만 하고 있어요. 자존심이 센 아이라 그런지 이런저런 기회를 만들어 줘도 원하지 않는 회사에는 도저히 취업을 못 하겠다고 하고요. 그렇다고 뭔가 제대로 준비를 하는 것 같지도 않습니다.

예전에는 제법 활발한 아이였는데, 지금은 하루 종일 집에서만 시간을 보내는 게 너무 안타까워요. 친구들이 만나자고 먼저 연락이 와도 아이는 자존심이 상한다고 나가고 싶지가 않다고 하네요.

저는 너무 답답합니다. 예전에 그렇게 똑똑하던 우리 아이가 어쩌다 이렇게 게으르고 어린아이처럼 응석을 부리는 어른이 되었을까요? 다시 사회로 나아갈 수는 있을지 걱정이 되네요.

자기는 우울증이 있어 치료를 받고 있다는데, 혼자서 게임을 하거나 TV를 보면서 웃는 것을 보면 또 그렇게 우울해 보이지도 않아요……. 이런 아이를 어떻게 하면 좋을까요?

젊은 세대에겐
마음의 전염병이 있다

❦ 오늘의 젊은이들, 우울의 그늘에 갇혀 버리다 ❧

우울증에도 종류가 있다

질병은 시대에 따라서 조금씩 변합니다. 과거 정신건강의학과의 질환이라고 하면 심각한 정신질환을 가진 사람이나 '머리에 꽃을 달고 다니는 여자'처럼 이상한 사람을 떠올린 때가 있었지만 이제는 그렇게 생각하지 않습니다.

비슷한 이야기로 과거에 폐암은 남성, 그중에서도 흡연자에게 많이 발생했지만 요즘은 대기오염, 미세먼지 등의 영향으로 여성과 비흡연자에게도 발생 확률이 높아졌습니다.

이런 질병처럼 정신의학적인 질환 역시 트렌드가 있습니다. 시대와 환경의 변화에 따라 양상이 달라지는 것입니다. 예를 들어 최근의 우울증 양상 역시 과거와 다른 양상을 보입니다.

전통적으로 우울증을 크게 2가지 정도로 분류해 왔습니다. 하나는 '반응성 우울증reactive depression'입니다. 이는 비교적 잘 지내던 사람이 상실이나 실직처럼 큰 스트레스를 받고 나서 우울해지는 것입니다. 스트레스 후에 우울감은 당연할 수 있지만 어떤 경우는 우울감이 크게 와서 오래가는데, 반응성 우울증은 바로 이런 케이스에 해당합니다.

다른 하나는 '내인성 우울증intricsic depression'입니다. 유전적인 요인이나 어린 시절의 가정 환경 같은 요인이 크게 작용하는 우울증으로, 별다른 스트레스 요인 없이도 작은 일에 쉽게 우울해지고 자주 재발하는 경향을 보입니다.

이런 전통적인 우울증 분류에서 말하는 우울감은 하루 종일 어두컴컴한 동굴에 들어가 있는 것처럼 지속되는 우울감을 이야기합니다. 이런 상태에서는 기분 좋은 일이 있어도 별로 기쁘게 느껴지지가 않습니다. 그들은 겉으로 봐도 우울해 보입니다. 하지만 주변의 부정적인 시선을 지나치게 의식하면서 우울감에 대해 표현하는 것을 망설이고 두려워합니다. 주변에서 치료를 권유받기도 하지만 스스로 무기력이 익숙해져서인지 정신의학적인 상담이나 치료를 받으려고도 하지 않습니다.

그런데 흔히 MZ세대라고 불리는 젊은이들이 호소하는 우울증은 이전의 분류와는 결이 많이 다릅니다. 이들은 겉으로 보기에는 그렇게 심하게 우울해 보이지 않습니다. 다른 사람들과 어울릴 때는 괜찮아 보이고, 때로는 기분이 좋아 보이기까지 합니다.

이들은 자기 스스로 우울감에 대해 이야기하고, 정신과 병원을 방문하는 것도 크게 망설이지 않습니다. 어렵지 않게 자기가 너무 힘들다고 말하면서 병가나 휴직 이야기를 먼저 꺼내기도 합니다. 이는 학생이나 젊은 직장인들 사이에 특히 폭넓게 분포되어 있는 현상입니다.

이렇게 기존과 다른 양상의 우울증에 대해 정식 용어는 아니지만 일부 정신의학자들은 '사회적인 우울증'*이라고 구분하기도 합니다.

사실 이런 우울증에 대해 어떤 사람들은 비난의 말을 담아서 '패션우울증'이라고 말하기도 합니다. 회사에서는 우울하지만 집에서 치킨 먹을 때는 괜찮아지는 우울증이라고 말하는 이도 있습니다.

---

* 사이토 다마키 저 - 《사회적 우울증》

MZ세대들이 주로 호소하는 이러한 우울증은 새로운 시대를 살아가는 이들의 우울증일까요? 아니면 우울함마저도 패션이 되는 부정적인 모습의 반영일까요?

우울의 그늘에 갇혀 버린 젊은 세대

사회적인 우울증에서는 그냥 우울증이라고 판단하기엔 조금 애매한, 그리 심하지 않아 보이는 우울감이나 불안감을 이야기합니다. 이런 가벼운 증상은 빨리 호전되는 게 일반적인데, MZ세대들의 우울감은 오히려 더 오래 지속되고 이런저런 치료에도 잘 낫지 않는 경향을 보입니다.

그들은 전통적인 우울증처럼 축 늘어져 있지 않습니다. 자기가 좋아하는 활동이나 게임을 즐기고 친구들을 만날 때는 활발한 모습을 보입니다. 일상적인 흥미나 재미 같은 감정은 그대로 유지된다는 뜻입니다.

그러다가 스트레스 상황에 직면하면 아주 쉽게 힘들다, 못하겠다는 말을 내뱉곤 합니다. 휴직 중이던 직장에 복직해야 하는 것처럼 스트레스를 받을 일이 생기면 심한 우울감과 불안감을 호소하면서 도저히 못하겠다고 말합니다.

그들의 특징은 자신의 증상이나 질병에 대해 스스로 충분히 인지하고 있다는 것입니다. 어떤 문제가 있는지, 증상이 어떤지 생각을 많이 하고, 그런 뒤에 잠정적으로 진단을 내리고 병원을 찾는 경우가 많습니다. 그들은 자신의 증상이나 필요한 부분에 대해 이렇게 명확하게 말할 줄 압니다.

"찾아봤더니 우울증이 있는 것 같아서 지금은 휴식이 필요한 것 같아요. 병가와 관련해서 진단서가 필요합니다."

이전의 우울증은 대개 확실한 선행 사건이 있었습니다. 그런데 사회적인 우울증이나 MZ세대의 우울증은 스트레스가 분명 힘든 일이기는 하지만 이렇게까지 힘들다고 해야 할 일인가 싶을 정도로 머리를 갸웃거리게 합니다.

신입사원이 회사를 출근하면서 스트레스를 받는 것은 당연한 일입니다. 때로는 원치 않는 일을 하면서 우울감이 심해지고, 그래서 뜻하지 않게 우울증을 경험할 수도 있습니다.

그런데 이 정도 스트레스는 몇 개월이 지나고 때로는 충분한 휴식을 취하면, 점차 직장문화에 적응하는 과정을 거치면서 나아지는 것이 일반적입니다. 하지만 최근에 보이는 MZ세대의 우울증은 이런 식으로 적응에 어려움을 겪는 일이 오랜 시간 지속된다는 데 문제가 있습니다.

직장인 사회에서는 스트레스가 조금이라도 가중되면 곧바로 불편감을 호소하는 젊은 사원들이 늘어나서 동료나 상사들이 볼 때는 아픈 게 아니라 게으른 것처럼 보이기도 합니다.

심지어 남들은 어렵지 않게 해치우는 일도 너무 힘들어하면서 계속 고통을 호소하는 사람도 있습니다. 직장생활은 누구한테나 쉽지 않은 일이지만, 유독 그 사람만 오만상을 찌푸리며 힘들어합니다.

이런 경우가 쌓이면 너무 나약하거나 증상을 과장하는 사람이 아닌지 의심받게 되고, 그런 일들이 하나둘 축적되면 주위 사람들의 눈총 때문에 직장생활 자체가 어려워지게 됩니다.

진료실에서 환자를 보며 나는 이런 생각을 합니다. 환자 분도 똑똑하고, 이전에는 잘 지내 왔는데 왜 우울감에서 벗어나지 못할까?

그가 겪은 일이 얼마간 상처가 되긴 하겠지만 이렇게까지 힘들어할 일은 아닌데……. 그렇다고 성장 환경에 문제가 있는 것 같지도 않고, 오히려 부모의 지지를 받는 환경이었는데 왜 이렇게 힘들어할까?

너무 높은 삶의 목표와 가치가 문제다

'자존심'이라는 말은 10여 년 전까지만 해도 꽤 긍정적으로 사용되던 용어였습니다. 그런데 최근 들어 자존감이라는 말의 유행과 함께 부정적인 의미가 강해졌습니다.

자존심은 '스스로 내가 이 정도의 사람은 되어야 한다'는 가치 판단입니다. 흔히 말하는 '자존심이 상한다'는 말은 내가 생각하는 어느 정도의 가치에 도달하지 못했을 때, 그 때문에 주변의 시선에 좋지 못하게 비추게 되니 기분이 나쁘다는 뜻입니다.

비슷한 양상의 말로 '자신감'이 있습니다. 자신감이란 '스스로에 대한 믿음'을 말합니다. 자신감은 내가 세상에서 앞으로 나아갈 수 있게 하는 힘입니다. 그렇기에 어떤 문제가 주어졌을 때 자신감이 있는 사람은 자기 앞의 상황을 긍정적으로 바라보고, 이에 대범하게 행동할 수 있습니다.

일반적으로 자존심이란 말보다 자신감이라는 말은 더 긍정적인 개념으로 사용되는데, 사실 이런 용어들이 마냥 긍정적이거나 부정적인 개념으로 사용되지는 않는다는 걸 알아야 합니다.

자존심이 강한 것은 마냥 부정적인 것이 아니라, 어떤 문제가 있을 때 자신이 바라는 모습이 높기에 더 열심히 노력을 하게 합니다.

하지만 때로는 너무 큰 이상 때문에, 눈 앞의 실천적인 일을 해나가는 것이 어렵다고 느낄 수도 있습니다.

자신감은 긍정적인 개념이지만 적절한 준비 없이 마냥 긍정적으로만 생각한다면 '근거 없는 자신감'에 불과하고, 그래서 좋은 결과를 얻지 못할 수도 있습니다.

자신감과 자존심의 발달에 대해 영국의 정신분석학자 도널드 위니코트Donald Winnicot 박사는 'good enough mother'란 말을 사용했습니다. 자녀 양육에서는 무조건적인 'good mother'보다 적당히 괜찮은 어머니가 더 낫다는 의미입니다. 달리 말하면 아이에게 마냥 좋은 말을 해주기보다 적절한 좌절을 주는 것이 필요하다는 뜻이기도 합니다.

아이는 자기가 세상의 중심이라고 생각합니다. 자신이 주인공이라고 생각하기 때문에 유아기에 '자기만능적인 사고'를 하는 것은 어쩌면 너무도 당연한 일입니다.

하지만 성장 과정에서는 적절한 좌절을 경험해야 합니다. 적절한 좌절, 적절한 무관심, 적절한 혼냄을 통해 자기 말고 다른 사람의 관점도 있고, 내가 원하는 것을 위해서는 충분한 노력이 따라야 한다는 것을 배우게 되는 것입니다. 바로 이런 개념이 'Good enough mother'입니다.

좌절, 무관심, 비판, 꾸중 같은 부정적 경험을 통해 자존심과 자신감 사이에서 균형을 가져야 한다는 이 이론은 오늘날의 자녀 교육에서 중요한 가르침으로 받아들여지고 있습니다.

내가 세상의 중심이라는 오만

그런데 현대 사회에서는 대개 한두 명의 자녀만 출산하다 보니 아이에 대한 관심이 지나치게 높아졌습니다. 아이가 태어났을 때 가족 전체가 엄청나게 큰 관심을 보이고, 아이의 작은 반응에 너무도 큰 관심을 보입니다.

성장 과정에서도 이런 풍경은 지속됩니다. 가족 전체가 아이의 관심사에 크게 반응하고 과도하게 기대하게 됩니다. 그런 식으로 무조건적인 지원을 받게 되는 MZ세대들은 자기만능적인 사고를 극복하지 못하고 내재하는 경우가 많습니다. 다시 말하면, '내가 세상의 중심'이라는 마음을 내려놓지 못하는 것입니다.

그렇기에 MZ세대들은 지나치게 높은 자존심을 갖게 됩니다. '나는 이런 사람이야!', '나는 이런 대접을 받아야 돼!' 같은 생각을 하게 되고, 거기에 주어지는 일이 기대에 미치지 못하면 '내가 어떻게 이런 일을 하겠어?'라는 생각을 하게 됩니다.

이 모든 현상은 주위 사람들에게 비춰지는 자기 모습에 지나치게 의지하기 때문입니다. 어려서부터 그렇게 성장하면서 단단히 구축된 자기중심적인 사고 탓에 아주 쉽게 상처받고 무너지게 되는 것입니다.

사람은 살아가면서 자기 뜻대로 되지 않는 어려움을 경험하고, 자신이 그리 대단하지 않은 존재임을 절실하게 느끼게 되는 상황이 있습니다. 일반적으로 자기가 노력한 만큼 결과를 얻는 상황에서는 높은 자존심이 비교적 잘 유지될 수 있습니다. 자신의 노력 여하에 따라 결과가 나올 수 있기 때문입니다.

그런데 우리가 몸담고 있는 세상은 생각만큼 공정하거나 정의롭지 않은 불합리한 공간입니다. 어떤 순간에 이르러서 내가 아주 작게 느껴지고, 세상이 너무도 크게 느껴지는 순간이 있습니다.

그럴 때는 '내가 주인공이 아니었구나. 이렇게 넓은 세상은 나 없이도 잘도 돌아가는구나. 나는 수많은 사람들 중의 하나구나'라는 생각을 해야 합니다.

어쩌면 이런 좌절은 보다 일찍 경험해야 하는 일이었습니다. 그럼으로써 마음에 굳은살이 생기고 맷집이 강해지는 사람이 될 수 있기 때문입니다. 하지만 사회 환경 탓에 유예된 좌절의 경험은 때로 더 큰 좌절로 다가올 수밖에 없습니다.

흔한 사례가 직장인으로 막 시작하면서 겪게 되는 자존감의 추락입니다. 집단의 일원이 된 지금, 이미 집단에 속해 있는 선임자들은 흔들림 없이 단단하고 튼튼하게 보입니다.

그에 비해 나는 너무 작게 느껴지고, 내가 노력한다고 조직이 크게 바뀔 수 있을 것 같지도 않습니다. 내 능력이 생각보다 별로 크지 않을 뿐더러 때로는 아주 소소하고 비천한 일부터 해나갈 수도 있습니다. 당연히 자존심이 상하고, 그와 더불어 자신감은 급전직하합니다.

자존심이 상할까 봐 시작을 못하겠어요

우리는 사회의 일원으로서 자존심과 자신감의 적절한 조화를 갖추어야 합니다. '내가 완벽하지는 않지만 할 수 있는 노력을 다해야지!'라는 마음을 갖는다면 그는 자존감이 높은 사람입니다.

극복하기 어려운 좌절을 경험할 때, 자존감이 낮은 사람은 지나치게 자신감이 떨어지게 됩니다. '내가 노력한다고 무엇을 해낼 수 있을까?', '내가 노력해도 안 될 거야⋯⋯', 이것이 바로 자신감이 낮은 사람들이 습관처럼 내뱉는 말입니다. 더구나 이전까지 부모의 가치관에 너무 영향을 많이 받았거나 과도한 기대에 이끌려온 경우는 이런 상황에서 자신감의 저하가 더 큽니다. 어떤 사람은 혼자서는 아무것도 하지 못하고 우왕좌왕하는 경우도 있습니다.

하인츠 코헛 박사는 이렇게 말합니다.

"과도한 자존심에 비해 자신감이 따라가지 못하면 수치심을 느낀다."

고고한 이상높은 자존심에 비해 적절한 실천낮은 자신감을 하지 못하면 쉽게 우울해질 수 있다는 이야기입니다. 코헛 박사는 이를 '자기애의 손상'이라고 불렀습니다.

여기다 요즘 유행하고 있는 심리학이나 정신의학에 대한 관심은 스스로에게 우울증이라는 프레임을 아주 쉽게 씌우게 만듭니다. 실패의 좌절에 우울함이라는 틀을 씌워버리면 어려운 일을 실천하지 않아도 스스로에게 면죄부를 줄 수 있습니다. 자존심이 상할 만한 일을 마주하는 것을 피해 버릴 수 있게 되는 것입니다.

정신의학적인 말 중에 '증상은 틀리지 않았다'는 표현이 있습니다. 어떤 증상이 표현되는 것은 항상 그럴 만한 이유가 있기 때문이라는 뜻입니다. 아주 어린 시절 쉽게 떠올리지도 못하는 경험들과 그에 따라 형성된 현재의 우리의 모습은 사람마다 같은 경험이라도 다르게 받아들이게 됩니다. 살아가면서 어떤 좌절의 경험이 누군가에게는 지나가는 아픔일 수도 있지만, 누군가에게는 가슴을 때리는 커다란 상처일 수도 있습니다.

요즘 자주 나타나는 이러한 형태의 우울증에 대해 현실 도피나 게으름이라고 비난하지 않았으면 합니다. 이 과정은 무의식적인 흐름입니다. 자신이 의식적으로 생각하고 반응하는 부분이 아니라는 이야기입니다.

우리 마음은 가능하면 덜 아프고 싶습니다. 그래서 누구나 자신의 마음을 보호하기 위한 방어기제를 가지고 있습니다. 이런 방식으로 우울감을 표현하는 것은 다른 사회적인 상황을 경험하는 MZ세대들이 자신을 보호하려는 무의식적인 방어기제입니다.

요즘 이런 방식의 우울감의 표현이 증가하는 것은 이전 세대와는 삶의 방식과 일상의 경험이 달라졌다는 것을 의미합니다.

자존심이 강한 사람은 시련에 취약합니다. 더욱이 그 시련이 자신이 이전에 경험하지 못한 방식이고, 자신이 노력을 한다고 극복할 수 없는 대상이라면 자신감의 추락이 더 빠르고, 크게 진행됩니다. 그들은 나약한 것이 아니라 이렇게 표현할 수밖에 없는 경험을 한 것이고, 그런 시대를 살아가고 있는 것입니다.

주인공이 아니어도 괜찮아

일단 우울감에 빠지게 한 상황에서 떨어져 있는 것이 도움이 됩니다. 나에게 피해를 주는 상황에서 한 발짝 물러나 휴식을 통해 회복하다 보면 다시 싸울 수 있는 힘을 얻게 됩니다.

초기 정신분석학은 우울감에 대해 해석하기를, 상황에서 벗어나 휴식을 취하라는 마음의 무의식적인 작용이라고 이야기했습니다. 그만큼 우울할 때 상황에서 벗어나서 휴식을 취하는 것은 매우 중요하다는 뜻입니다.

그 말은 우울한 상황에서 도망치라는 뜻이 아닙니다. 휴식과 회피는 다릅니다. 충분한 휴식을 취한 후라도 무의식적이건 의식적인 작용이건 상황을 회피한다면 자존감의 손상을 가중시킬 뿐입니다.

자신감이 없어서 자신이 가야 할 상황으로 돌아가지 못하고 있을 때는 자신이 바라는 모습과 더욱 멀어지게 됩니다. 이렇게 자존심이 상하는 상황이 반복될수록 자존감은 더욱 손상되어 갑니다.

이때 자존감이 너무 손상되지 않도록 우리 스스로를 방어하는 방법이 바로 방어기제입니다. '내가 우울증이어서 그래'라는 정신의학적인 해석을 하거나 '내가 과거에 있었던 트라우마와 성장 환경의 문제 탓이야'라는 심리학적 해석이 바로 그것입니다.

이때는 그냥 작은 성취가 중요합니다. 어린 시절에 학예회 같은 행사에서 연극을 하면 다들 주인공을 하고 싶어 하지만 모두가 주인공이 되고 독주 무대를 할 수는 없습니다. 좋은 노래를 위해서는 여러 악기가 필요합니다. 크고 작은 악기들이 모여서 좋은 노래를 만들어 내는 법입니다.

이런 경우가 누군가에게는 자존심 상하는 일처럼 느껴질 수 있습니다. 내가 바라는 악기 연주를 하고 싶은 모습만큼 되지 못하는 것은 자존심 상하는 일이 분명합니다.

하지만 때로는 돋보이고 싶은 욕심이나 반드시 자기가 바라는 모습이 되어야 한다는 생각을 버려야 답이 나옵니다. 그냥 내 몫을 하는 것, 돋보이지 않는 작은 악기라도 최선을 다하는 것도 충분히 의미 있는 일입니다. 그리 크지 않아도 작은 목표를 설정하고 이를 실행해 나가는 게 중요합니다.

사회를 원망하거나 나를 괴롭히는 누군가를 탓하지 않았으면 좋겠습니다. 사회는 원래 공정하지 않습니다. 나보다 조금 더 누리는 사람이 있을 수밖에 없고, 이미 나보다 우위에 있는 관계도 있기 마련입니다.

지금 우리에게 중요한 문제는 불공정한 게임을 탓하는 일이 아니라 이번 게임에서 내가 얻어갈 수 있는 가장 좋은 결과를 취하는 일입니다. 이런 논리는 인생에서도 마찬가지입니다.

그냥 내 인생을 살아가는 것일 뿐

손꼽히는 해외 명문대학에 다니던 똑똑한 학생이 있었습니다. 그런데 바라던 결과치가 나오지 않자 우울해졌고, 학업마저 이어가지 못할 정도가 되었습니다. 다음은 그 사람의 이야기입니다.

"내가 아무것도 못하는 사람 같았어요. 나에게 학벌이란 걸 벗어 내고 나니 할 줄 아는 게 하나도 없더라고요. 주변과 비교하니 내가 가진 게 하나도 없는 느낌이었어요. 나에게 좋은 일이 생길까? 내가 다시 웃을 수 있을까? 매일같이 이런 생각을 했죠. 그러다 그냥 아주 작은 것부터 시작했어요. 영어과외도 하고, 번역도 시작했어요. 그렇게 눈앞에 있는 작은 일들에 집중하려고 했죠. 얼마쯤 시간이 지나고 나니 스스로가 웃고 있더라고요. 나도 모르게 깜짝 놀랐어요. 내가 우울하다는 느낌이나 힘들다는 느낌 없이 웃고 있는 날이 올까 생각했었거든요."

우리는 누구나 실패도 하고 좌절도 겪는 등 굴곡진 인생을 살아갑니다. 인생에서 항상 주인공일 수 있는 사람은 한 명도 없습니다. 때로는 내가 생각하던 모습이 아니어서 자존심이 상하지만 그냥 나의 몫을 다하면서 내 인생을 살아가는 것도 의미 있는 일입니다.

과거의 실패는 흘러간 강물처럼 지나간 일입니다. 그러니 이젠 잊어버리고 소소한 일부터 다시 시작했으면 합니다. 그냥 내 인생을 살아가는 것, 작은 성취를 이뤄나가는 것이 자존감을 높이는 가장 좋은 방법입니다.

그냥 묵묵히 나의 몫을 실행하다 보면 소소한 행복과 즐거움이 찾아오는 순간이 있을 것입니다. 높은 자존심과 낮은 자신감으로 삶을 살아가는 것을 힘들어하는 사람들에게 정신건강의학과 의사가 전하고 싶은 말은 이것입니다.

> "사회는 나의 자존심을 모두 채울 만큼 만만하지 않습니다. 실패와 좌절이 있더라도 그냥 나의 역할을 다하는 것이 중요합니다. 내가 있어야 할 곳으로 돌아가서 작은 역할이라도 사회에 속해서 뭔가 해나갈 때 자신감이 생기게 됩니다. 그냥 소소한 나의 일상을 살아가다 보면 분명히 작은 행복과 즐거움이 찾아오는 순간이 올 것입니다."

용서하라고 하지만

과거를 받아들이고

저는 어린 시절이 무척이나 우울했던 것 같아요. 어린 시절 기억을 떠올리면 어머니 모습이 제일 먼저 떠올라요. 어머니는 저에게 말을 할 때 입버릇처럼 '우리 아이'란 말로 이야기를 시작하시던 게 기억이 나요. 지금도 가끔 다 큰 딸에게 '우리 아기'라고 하시는데 그럴 때마다 부끄러움을 느낍니다.

어머니는 항상 제게 간섭을 많이 하셨어요. 학원에 다니는 거나 공부하는 방법, 만나는 친구들 등등 하나하나 저에게 이야기하면서 간섭을 하셨어요. 그러다 가끔씩 제가 스스로 행한 일의 결과가 좋지 않을 때는 '그것 봐, 내 말대로 안 하니까 그 모양이지!' 라고 말하며 차갑게 돌아서던 기억이 상처로 남아 있어요.

저의 어린 시절이 그리 행복하지 않아서 그런지 돌이켜보면 지금도 사람들 앞에서 항상 주눅 들어 있고, 하고 싶은 말이 있어도 쉽게 표현하지 못해요. 주변의 눈치를 많이 보고 안 좋은 일이 있으면 쉽게 우울해지는 것 같습니다.

저는 언젠가부터 심리학에 관심이 많아졌어요. 요즘 심리학책을 보면서 공부해 보니 어린 시절이 참 중요하다는 깨달음을 다시 한번 얻게 되었습니다. 제가 지금도 다른 사람들하고의 관계에서 왜 쉽게 상처받고, 항상 약자의 입장에만 서게 되는지를 곰곰이 생각해 보면 원인이 어린 시절에 있다는 생각을 하게 됩니다.

그런데 과거에 있었던 일은 바꿀 수가 없잖아요. 주위 사람들이나 심리학책에서는 과거를 받아들이고 그냥 용서하라고 하지만 말처럼 쉬운 일이 아니더라고요. 일순간 그럴 수 있다고 생각한 적도 있지만, 그게 항상 가능하지는 않다는 걸 알게 됩니다. 저는 어떻게 해야 할까요?

4

현명한 사람은
과거에 집착하지 않는다

❛ 과거의 그늘에 갇혀 지내는 어느 여성 이야기 ❜

건강한 자존감은 좋은 자기대상이 필요하다

정신분석이나 심리학에서 우리 마음을 설명하는 방식은 다양합니다. 사람의 경험이 다양한 것처럼 마음을 하나의 방식으로 이해할 수는 없는 일이기에, 사람의 마음에 대해 여러 가지 기준을 가지고 이해해 보려는 시도가 있었던 것입니다.

정신의학의 토대가 되는 정신분석psychoanalysis에서는 어린 시절의 트라우마를 중요하게 이야기합니다. 어린 시절 부모의 양육 방식에 의해 무의식적으로 어떤 관계를 내재화하게 되고, 그 관계가 성장 과정에서 지속적인 경험을 통해 반복되면서 성격으로 굳어지게 된다고 설명합니다.

예를 들어 부모가 어린 시절에 지나치게 엄격한 교육을 하게 되면 아이는 그 기대에 맞춰 완벽주의적인 성향을 지니게 되고, 점차 주변의 시선에 눈치를 보는 아이가 될 수 있습니다.

성장 과정에서도 이런 성향이 굳어지게 되면 자기 자신에게 엄격하고 완고한 가치를 부여하는 어른으로 성장하게 됩니다. 어린 시절 부모의 눈치를 보던 아이가 어른이 되어서도 계속 그런 습성을 갖게 된다는 것입니다.

정신분석학에서는 성격 형성 과정에서 뿐만 아니라 성장한 후에 우울, 불안 같은 다소 부정적인 감정이 만들어지는 일에도 어린 시절의 경험이 큰 영향을 미친다고 설명합니다.

자존감도 사람의 마음을 바라보는 틀 중의 하나입니다. 자존감의 이론적 토대가 되는 자기심리학self-psychology 역시 자존감의 형성에 어린 시절의 경험이 중요하다고 말합니다.

앞서 소개한 하인츠 코헛 박사는 사람에게 건강한 자아self 가 형성되려면 좋은 자기대상self-object 이 필요하다고 말했습니다. '자기'라는 말과 '대상'이라는 단어의 조합은 굉장히 이질적으로 보이는데, 자기대상은 외부의 내가 아닌 다른 사람이지만 그럼에도 내 마음을 있는 그대로 알아주는 존재를 의미합니다.

자기대상이 제대로 존재해 줘야 심리적으로 자기통합self cohesion
이 이루어지고, 단단한 자기를 형성한 건강한 사람이 될 수 있습니다.

자기대상은 대부분 부모입니다. 부모가 아이에겐 처음 접하는 세
상이자 세상의 전부이기 때문입니다. 부모가 아이에게 공감을 잘해
주고 마음에 맞는 적절한 반응을 해줄 때 아이의 자존감은 건강하
게 성장합니다.

부모의 역할, 부모의 책임

어린 시절의 부모는 아이에게 신뢰할 수 있는 대상이어야 합니다.
어떤 문제가 있더라도 도움을 줄 수 있는 대상이어야 하고, 아이에
게 항상 자신의 편이라는 신뢰를 줄 수 있는 대상이어야 합니다.

이런 관계가 잘 갖추어져 있을 때, 아이의 자존감은 잘 형성되고
스스로 가치 있는 존재라고 인식하게 됩니다. 이러한 모든 상황들
이 합쳐져서 다른 사람의 시선을 의식하지 않고 스스로의 힘으로
일어설 수 있는 토양이 되는 것입니다.

이처럼 공감을 잘해 주는 부모를 만나면 아이는 안정적인 토대를

가진 것과 같습니다. 그러한 토대는 자신감을 가지고 세상을 탐색해 나갈 수 있게 합니다.

세상에서 어려움을 경험하는 도중에 탐색에 실패할 때도 있고, 어려움에 봉착할 때도 있지만 돌아와서 쉴 수 있는 안정적인 토대가 있다면 아이는 다시 도전해 나갈 수 있게 됩니다.

예를 들어 아이가 발걸음을 떼다가 넘어질 수 있습니다. 이것을 본 부모가 넘어진 것을 탓하지 않고 안아 주었을 때 아이는 성장합니다. 이때 아이는 이렇게 생각합니다.

'가끔은 실패할 수도 있지만, 나를 비난하지 않고 위로해 주는 대상이 있구나.'

이러한 실패 경험과 위로받은 경험을 통해 아이는 다음에도 다시 걸어 나갈 수 있는 에너지를 얻게 됩니다. '내가 원하는 것에서 실패를 하더라도 나는 여전히 가치 있는 사람'이라는 인식이 있다면 아이는 계속해서 나아갈 수 있습니다.

요즘은 정신의학에 관심을 가지는 분들이 많습니다. 서점의 정신의학 관련도서 코너에는 어린 시절 부모의 올바른 역할에 대해 이야기를 하는 책들이 아주 많습니다.

책들은 부모의 역할이 적절히 이루어지지 않을 때 아이에게 자존감 저하를 비롯한 여러 문제를 야기할 수 있다고 말합니다. 어린 시절의 양육이 그만큼 중요하고, 양육 과정에서 문제가 생기면 여러 가지 정신의학적인 문제가 생길 수 있다는 얘기입니다.

그런데 어른이 된 지금 우리에게 부모와의 관계는 이미 오래전에 경험한 일입니다. 그 기억은 죽을 때까지 바꿀 수 없습니다. 절대로 바꿀 수 없는 이 관계가 우리에게 부정적으로 작용한다면, 어떻게 해야 할까요?

과잉보호와 아이의 자존감

"저는 싫은 게 있어도 제대로 표현하지 못하고 남들의 눈치를 많이 보는 편이에요. 이런 일들이 저 자신도 싫지만 잘 고쳐지지가 않아요. 아마 어린 시절 경험 때문에 이러는 것 같아요. 아버지는 욕심이 별로 없는 선비 같은 분이었지만, 엄마는 매우 적극적이고 활동적인데도 결혼하면서 살림을 맡게 된 분이었죠. 밖에 나가서 마음껏 활동해야 하는 엄마가 집에만 있어서 그런지 저에게 너무 지나친 관심과 애정을 주었던 것 같아요. 작은 일에도 시시콜콜한 잔소리를 하는 등 엄마 뜻대로 해야만 직성이 풀리셨어요. 저는 그게 너무 피곤하고 눈치가 보였지만 어쩔 수 없다고 생각하며 지내야 했죠. 엄마는 아직까지도 저를 어린아이처럼 대해요. 출근하기 전에 씻는 동안 제 옷가지를 다 골라 두고, 조금 급해서 아침을 못 먹고 출근하면 손에 작은 것 하나라도 쥐어 주시곤 해요. 저는 이런 게 너무 싫지만, 싫다는 말이 입에서 나오지가 않아요."

정신의학적인 해석에서 보자면, 과잉보호를 하면서 간섭하는 엄마는 자녀가 성장한 후의 성격 형성에 영향을 미칠 수 있다고 합니다. 부모가 지나치게 관심을 주는 것은 결코 공감적인 자세가 아니라는 뜻입니다.

자녀 양육에서는 공감과 무조건적인 지지가 중요하지만, 그 관심이 주도성을 해치는 정도가 되어서는 안 된다는 의미입니다. 엄마가 하나하나 일일이 챙겨 주고 집착에 가까운 관심을 쏟는 것은 장기적으로 볼 때 오히려 자존감의 저하를 가져오기 때문입니다.

아이 자신의 노력이 아니라 부모에 의해서 필요한 것들이 알아서 주어지는 상황이 되면 안 됩니다. 이러면 아이 자신의 능력에 대한 불신으로 이어지고, 이는 자존감 저하와 직결됩니다. 이런 성향이 계속 이어지면 다른 사람들의 눈치를 보고 자신의 뜻을 제대로 표현하지 못하는 어른이 될 수 있습니다.

아이의 심리적인 측면에서 자신의 능력을 부정당하고 무조건 엄마의 뜻에 따르는 유약한 아이가 만들어지면, 이것이 평생을 따라 다니게 됩니다.

현명한 사람은 과거에 집착하지 않는다

나와 상담했던 여성이 이런 심리적인 해석에 대해 엄마가 정말 좋지 못하고 부정적인 역할을 했던 부모라는 의미로 받아들이지 않았으면 합니다.

상담자의 아버지는 집안의 장남으로서 다른 어린 형제들의 부양을 책임져야만 했습니다. 집에서 고생하는 아내에게 자신 있게 표현을 많이 할 수 없었을지 모릅니다.

엄마 역시 사회적인 성격이지만 자녀 양육과 함께 맏며느리 역할을 위해 자신의 많은 것을 희생할 수밖에 없었을 것입니다. 오랜 세월 활달한 성격을 억누르다 보니 자녀에게 기대를 하고 지나친 간섭으로 표현이 되었던 것입니다.

아이의 심리적인 현실에서의 엄마와 실제적인 현실의 엄마는 다릅니다. 엄마는 온갖 어려움에도 아이를 위해 최선을 다하고, 완벽할 수는 없었겠지만 결코 나쁘지 않은 부모 역할에 충실했습니다.

정신의학적인 해석과 부모님 입장에서의 해석을 같이 제시한 이유는, 모든 상황을 완벽하지 못한 부모에 대한 비난이나 상황 탓으로 몰고 가지 않았으면 하는 마음에서입니다.

소아정신의학에서는 '결코 완벽한 부모 역할은 없다'고 말합니다. 어느 정도 잘못하는 부분도 있고, 때로는 무관심한 부분도 있을 수 있지만 나름의 일관성과 애정을 가지고 부모로서 주어진 역할을 다하는 것이 중요합니다. 아무리 노력해도 아쉬울 수밖에 없고 완벽할 수 없는 것이 부모의 역할이라는 말도 있듯이 말입니다.

정신의학에서는 양육 과정에서의 문제가 현재 경험하는 문제의 원인일 수 있다고 말합니다. 따라서 '내가 어린 시절에 경험했던 부모의 과보호가 원인일 수 있고, 성장 과정에서 이런 성향이 더욱 강화되면서 내가 주변의 영향을 많이 받는 약점을 가지고 있다'는 사실을 인식하는 것은 도움이 됩니다.

하지만 이렇게 과거로 돌아가서 생각하는 이유가 '내가 문제가 아니었구나', '내 성격이 과거의 어떤 과정에서 형성되었구나' 하는 깨달음을 얻기 위해서이지 과거를 바꾸기 위해서는 아닙니다.

문제의 원인을 아는 것은 의미가 있습니다. 하지만 그것은 나의 문제를 극복하기 위한 시작점이지 결코 마침표가 되지 않는다는 걸 알아야 합니다.

원인을 아는 것은 분명 의미 있는 일이지만, 거기에 집착할 때 문제가 됩니다. 누군가를 원망한다는 것은 나를 그 문제에 계속 갇혀 있게 만들기 때문입니다.

현명한 사람은 결코 과거에 집착하지 않습니다. 원인을 생각해 보는 원망을 하는 것은 전혀 다른 부분입니다. 이것을 구분하는 이유는 누군가를 탓하고 미워한다고 해서 마음의 문제가 해결되는 건 결코 아니기 때문입니다.

문제의 해결은 실천과 변화를 만들어 가는 과정

과거의 문제에 집중하지 말라는 이야기를 지난날의 부모를 용서하라거나 다른 사람의 입장에서 이해해 보라는 말로 받아들이지 않았으면 좋겠습니다.

용서하면 마음이 편해집니다. 하지만 용서가 되지 않는 것은 그만큼 내 마음이 받아들이기 어려운 상처를 입었다는 뜻입니다. 용서되지 않는 상처를 용서하려고, 이해되지 않는 사건을 억지로 이해하려고 노력하지 않았으면 합니다.

어떤 상처들은 아무리 많은 시간이 흘러도 받아들여지지 않습니다. 하지만 그보다 더 중요한 것은, 미워하면서 힘들어하지 않는 일입니다. 과거에 피해를 받았던 일이 없던 일이 될 수는 없지만, 과거는 과거대로 묻어둠으로써 그 일로 인해 오늘의 내가 피해를 덜 받는 것을 목표로 두어야 합니다.

이제 필요한 일은, 과거의 일은 과거의 일로 두고 내가 가지고 있는 현재에 집중하는 것입니다. 과거의 누군가를 원망하는 것은 어린 시절의 자존감이 낮은 나에게 계속 집중하게 만들기에 여기서 멈추기를 바랍니다.

스스로 낮은 자존감 탓에 고민이라는 사람들이 실제 사회적으로는 인정을 받는 경우도 있습니다. 그들은 남의 눈치를 보는 만큼 일을 열심히 하고 성실한 사람이기 때문입니다.

그렇기에 그런 사람은 회사에서 인정을 받고 동료들 사이에서도 꽤 괜찮은 사람이라는 평을 듣는 경우가 많습니다. 그렇게 좋아하는 사람도 많고 지지하는 사람도 많은데도 스스로는 항상 뭔가 부족하다는 생각에 갇혀 있다니, 이해가 되지 않습니다. 하지만 이유는 간단합니다. 그는 지금 경험하는 실제 현실보다 여전히 어린 시절 주도성이 부족한 아이에게 더 많이 집중하기 때문입니다.

하인츠 코헛 박사는 자존감은 어린 시절 형성된다고 했습니다. 그러면서 덧붙이기를 자존감은 평생 동안 성장해 나가는 개념이라고 말했습니다.

어린 시절의 자기대상은 어차피 부모일 수밖에 없고, 절대 바꿀 수 없는 환경이었지만 이제는 다릅니다. 나름의 역할을 하고 있고, 주변에는 자기대상이 되어 주는 많은 사람들이 있습니다. 그러니 이제는 이런 관점에서 자신을 바라보았으면 합니다.

"그때는 과거의 경험들 때문에 조금은 눈치를 보고 다른 사람의 관계에 어려움을 겪고 있었지만, 지금의 나는 나름의 역할을 하면서 스스로 당당히 서 있다. 나를 어렵게 만드는 사람도 있지만 나를 좋아해 주는 사람들과 나의 삶을 살아가고 있으니 그것으로 되었다!"

엄마는 더 이상 예전의 엄마가 아니었다

다음은 앞에서 엄마와의 관계 때문에 고민하다가 상담을 한 여성과 최근에 나눈 대화입니다.

"엄마와 여행을 가게 됐어요. 가족들끼리는 종종 여행을 가곤 했는데 일정이 바뀌다 보니 엄마와 단둘이 여행을 가게 됐어요. 이제는 조금 더 편해진 것 같더라고요. 예전 같으면 못 간다고 피했을 텐데 말이에요. 이 생각을 하면서 엄마를 보는데, 이전과 조금 달리 보이더라고요. 이전처럼 간섭하는 것이 강압적이고 싫게만 느껴지진 않앉어요. 또 제가 엄마를 싫어할까봐 엄마가 눈치를 보는 게 보이더라고요. 그렇게 보고 나니까 이전보다 엄마를 좀 더 편하게 대할 수 있게 되었어요. 싫은 것도 편하게 이야기할 수 있게 되었고요."

과거의 상처에 집착하면 언제까지고 심리적인 현실에 머물게 됩니다. 오랜 시간이 흘렀음에도 아직도 엄마의 뜻에 무조건 따라야 하는 아이에 머무르는 것입니다. 무의식은 시공간을 초월해 반복된다는 말이 여기서 나옵니다.

실제적인 현실에서의 나는 이미 성장해서 나에게 주어진 역할을 충분히 해내고 있는 성인입니다. 더구나 엄마는 이제 자신의 뜻을 무조건적으로 강요하는 어른이 아닙니다.

자존감이 높아지는 경험은 여러 권의 심리학책을 읽고, 내가 겪는 어려움의 원인이 될 수 있는 과거를 통째로 돌이켜 본다고 주어지는 것은 아닙니다.

진정한 자존감은 내 주변의 사람들과 하루하루를 살면서 현실을 통과해 나가는 과정에서 경험하는 현실을 있는 그대로 받아들일 때 발전하게 됩니다.

부모에 대한 원망을 포함해서 어린 시절에 대한 기억 때문에 마음을 앓는 사람들에게 정신건강의학과 의사가 전하고 싶은 말은 이 것입니다.

"자존감은 어린 시절에 형성된 개념이지만 평생을 통해 발전해 나갑니다. 어린 시절의 기억에 갇혀 있는 것은 나를 성장하지 못하게 가로막는 걸림돌이 될 수 있습니다. 용서할 것도, 이해할 것도 없습니다. 그냥 그때의 경험이 나에게 부정적인 영향을 미칠 수 있었던 것뿐입니다. 그럼에도 불구하고 당신은 지금 현실을 잘 살아가고 있습니다. 그 현실을 살아가면서, 나의 가치와 지금 내 주변에 있는 사람들에게 집중하는 것이 자존감을 높이는 최선 의 방법입니다."

얼마 안 가서 제자리걸음

한순간 자극을 받지만,

저는 요즘 세상살이가 뜻대로 되지 않는다는 생각이 듭니다. 준비하던 시험이 있는데, 정말 아쉽게도 몇 문제 차이로 떨어지고 말았습니다. 떨어진 것도 아쉽지만, 평소 실력처럼만 했으면 됐는데 매번 긴장을 해서 실수하고 마는 제가 너무 바보같이 느껴집니다.

안 좋은 일들은 같이 찾아오는 것 같습니다. 오래 만나던 남자친구와도 사소한 일로 헤어지게 되었습니다. 항상 저를 믿어 주던 가족들도 이제는 실망한 표정을 짓기도 하고, 볼멘소리를 한마디씩 하기도 합니다. 이럴 때면 너무 가슴이 아픕니다.

요즘은 제대로 되는 일이 하나도 없고, 슬럼프에 빠져 있다는 생각만 듭니다. 저는 웬만한 어려움은 활기차게 웃으면서 잘 이겨 내는 사람이었는데, 요즘엔 어떻게 해야 할지 막막하기만 합니다. 훌훌 털어내고 정신 차려서 다시 열심히 하면 되는데, 아무것도 하지 못하고 마냥 무기력한 모습을 보이는 제가 너무 답답하기만 합니다.

이런 상황을 극복하려는 마음으로 요즘 유행한다는 자기계발서를 읽어 보기도 하고, 비슷한 어려움을 극복한 멘토 분들과 대화를 해보기도 했습니다.

그러면 확실히 자극이 되고 깨달음을 얻은 것 같아서 여러 가지 계획을 세워 보기도 했는데, 그게 며칠 가지 못하고 다시 제자리입니다. 계획만 세우고 제대로 실천하지 못하는 제가 너무 한심하게만 느껴집니다.

제가 어떻게 해야 이 어려움을 극복할 수 있을지 모르겠습니다. 지금 저에게 꼭 필요한 조언의 말이나 극복하는 데 도움이 될 만한 책이 있을까요?

5

100권의 자기계발서보다
더 먼저인 것

❝ 자기계발서라는 옷에 나를 끼워 맞추지 마라 ❞

삶의 어려운 순간, 그리고 자기계발서

삶이 버거운 순간이 있습니다. 대학 진학에 실패했을 때, 구직이 뜻대로 되지 않아 남들에 비해 뒤처지는 것처럼 느껴질 때, 소중한 가족이나 오래 함께해 온 연인과 헤어져야 할 때, 오랫동안 준비해 온 삶의 목표를 포기해야 할 때, 마음을 다해 근무한 직장을 나와야 할 때…….

견디기 힘든 상황들은 우리가 아무리 공들여 준비한다고 해도 언젠가는 틀림없이 찾아오기 마련입니다. 성취에서 멀어지거나 소중한 것을 잃어버릴 때가 그런 시간입니다. 남들보다 뒤처지는 것 같아 조급함을 느끼는 상황이 되면 우리의 자존감은 크게 요동치게 됩니다.

우리는 삶의 어려움이 몰려오는 순간에 무너진 자존감을 회복하기 위해서 주변의 조언에 귀를 기울이곤 합니다. 나와 비슷한 경험을 했고 이를 잘 극복한 사람의 이야기를 듣습니다. 때로는 SNS에 올라와 있는 극복기를 찾아보기도 하고, 성공한 사람의 책을 보면서 교훈을 얻기도 합니다.

그리고 무엇보다 요즘에는 자기계발서로 베스트셀러가 된 책을 구입해서 삶에 변화를 주려고 시도하기도 합니다. 이런 노력을 하다 보면 한순간은 위기를 극복할 수 있는 인생의 방향키를 찾아낸 것같이 느껴집니다.

나와 비슷한 어려움을 겪은 사람들의 이야기, 그리고 그들의 극복 과정, 그 과정에서의 마음가짐, 결국 성취해 낸 경험담을 보면서 크게 위안을 받고, 나도 뭔가 해볼 수 있겠다는 의지가 다시 살아납니다.

그런데 이상하게도 며칠 있으면 또 제자리입니다. 이런저런 조언들이 맞는 말처럼 느껴졌고 의지도 생겼었는데 다시 원래의 모습으로 돌아옵니다. 그러면 생각처럼 되지 않는 내가 너무 답답하고 무엇 하나 제대로 해내지 못하는 스스로가 한심하게만 느껴집니다.

실패를 극복한 누군가의 경험담이나 조언, 고난을 이겨 낸 이야 기들은 삶에 자극이 되기도 합니다. 하지만 대부분의 힘든 시기를 보내는 사람들에게는 오히려 역효과를 내기도 합니다.

성공 스토리를 담은 세계적으로 유명한 베스트셀러가 있습니다. 전 세계에서 수백만 명의 독자들이 열광한다는 광고가 빗발치고 실제로 책을 읽은 사람들의 극찬도 이어집니다. 그런데 왜 나한테는 효과가 없는 것일까요?

경험은 사람마다 전부 다르다

학창 시절 100미터 달리기를 하면 모두가 숨이 차 힘들어하던 기억이 있습니다. 하지만 사람마다 숨이 차는 정도는 다르기에 잠깐 쉬고 나서 곧장 괜찮아지는 아이가 있는가 하면 한참이 지나야 좋아지는 아이도 있었습니다.

이렇듯 같은 거리라도 느끼는 부담이 다를 수밖에 없습니다. 내가 숨이 차고 힘든 정도와 다른 사람의 정도는 다르기에, 이것을 완전히 이해할 수는 없는 일입니다. 다만 내가 힘든 정도에 따라 다른 사람도 어느 정도 수준으로 힘들겠구나 하고 짐작할 뿐입니다.

우리는 나와 비슷한 실패를 딛고 일어나 성공을 거둔 사람의 조언이 효과적일 거라고 생각합니다. 비슷한 실패를 경험했으니 비슷한 방향으로 극복할 수 있을 거라고 생각하기 때문입니다.

하지만 우리는 지금의 경험 이전에 있었던 과거의 경험들을 모아서 현재의 경험을 받아들이게 됩니다. 그래서 같은 사건이라도 누군가와 나는 완전히 다른 눈으로 바라볼 수밖에 없습니다. 사람마다 과거의 서사가 다를 수밖에 없기 때문입니다.

옷에 나를 맞추려고 하지 마라

우리의 감정은 주관적일 수밖에 없습니다. 그렇기에 비슷한 경험을 했더라도 느껴지는 감정의 양상이 누구에게는 하늘이 무너지는 아픔일 수 있고, 누구에게는 그냥 조금 상처를 입은 것일 수 있습니다.

예컨대 이별을 했습니다. 그러면 누구나 슬픔을 느끼게 됩니다. 그러나 슬픔의 감정은 사람마다 달라서 누군가에게는 칼로 베인 듯이 극심한 슬픔일 수도 있지만 누군가에게는 그냥 기분이 울적한 정도일 수 있습니다.

우리는 과거의 경험과 감정을 바탕으로 다른 사람의 경험과 감정을 예단하고 짐작할 수밖에 없습니다. 그러나 비슷한 경험에서 비슷한 감정을 느꼈다고 말하지만 그 감정의 깊이는 다를 수밖에 없습니다.

"나도 다 겪어 봤던 일이야", "네가 느끼는 슬픔 다 이해해"라는 말을 아주 쉽게 하는 사람이 있습니다. 그리고 이어서 뒤따라 나오는 조언과 충고들……. 그러나 아무리 보석 같은 말이라도 그것은 그 사람의 경험이고 감정이며 거기서 나온 해결 방안일 뿐입니다.

그러니 주변의 조언을 들을 때는 나와 비슷한 경험을 했기에 내 마음을 온전히 이해해 줄 거라고 생각하지 않았으면 합니다. 이해를 받을 거라고 많이 기대했기에 오히려 그 사람의 이야기에서 더 큰 상처를 받을 수 있기 때문입니다.

누군가에게는 딱 맞는 옷이라 해도 나에게는 잘 어울리지 않을 수 있습니다. 옷에게 나를 맞추려고 하지 않았으면 합니다. 아무리 좋은 말이라도 나에게 맞는 이야기가 아닐 수 있습니다.

자기계발서에 나오는 조언은 나에게만 국한되는 이야기가 아닙니다. 일반적인 많은 사람에게 도움이 될 수 있는 이야기로, 누구에게나 도움이 될 수도 있지만 나의 성향에 꼭 맞지 않는 이야기일 수 있습니다.

자기계발서에서 가장 많이 나오는 내용 중의 하나로, '자신의 감정을 억누르지 말고 가능한 한 밖으로 표현을 하라'는 말이 있습니다. 그렇게 밖으로 내보내지 않고 마냥 억누른 감정은 오랜 시간이 지나면 화, 우울감, 공황 같은 부정적 감정으로 표현될 수 있기 때문입니다.

물론 자신의 감정을 제대로 알아채지도 못하고 무작정 억압하는 사람에게는 이 조언이 꼭 맞을지도 모릅니다. 그에게는 적절한 표출이 마음을 편하게 만들어 줄 것입니다.

하지만 감정을 표현하는 일이 무조건 좋은 것만은 아니기에 문제입니다. 표현하지 않는 감정으로 짜증이 날 때도 있지만 우리는 대부분 표현과 억압 사이의 어느 지점에서 선을 지키고 있습니다.

그렇다는 것은 굳이 표현하려고 노력하면서 일어나는 감정의 동요가 나를 더 불편하게 만들고 에너지를 소모하게 만들 수도 있다는 이야기입니다.

어떤 자기계발서에서 말하는 내용도 삶의 바이블이 되지는 않습니다. 나에게 자극이 되고 변화의 방향을 알려 주는 나침반이 될 수는 있겠지만, 그것이 내가 반드시 다가가야 할 지향점이라고 여기지 않았으면 좋겠습니다.

오히려 나를 비난하게 만드는 조언들

깊은 좌절감을 경험하고 있는 순간에는 누군가의 멋진 이야기가 좌절로 다가오기도 합니다. '나도 저렇게 할 수 있을까?', '지금의 내가 극복할 수 있을까?' 이런 걱정 끝에 '나는 부족해', '나는 할 수 없어', '답이 없는 것 같다'는 혹독한 자기비하로 이어지기도 합니다.

자기계발서 같은 책에 나오는 내용대로 제대로 실천하고 있는지를 생각하면서 이런 자기검열은 더욱 심해집니다. 무엇 하나 제대로 실천하지 못하는 게으른 인간이라고 폄하하게 되는 것입니다. 이렇게 우리는 다른 사람의 성공 경험을 통해 오히려 절망감을 넘어 패배감을 느낄 수도 있습니다.

자기계발서는 독자들에게 여러 가지 숙제를 내줍니다. '자신의 감정 일기를 쓰자', '잠자기 전에 거울을 보고 나 자신을 칭찬하자', '매일 마음 챙김 명상을 하자', '꾸준하게 운동을 하자', '목표 지향적인 활동을 하자' 등등 성공하기 위해 반드시 실천해야 할 엄청나게 많은 내용들을 이야기합니다.

하지만 자기계발서에 나오는 이런 실천 방안들은 누구도 쉽사리 실천하기가 어렵습니다. 그나마도 이런 실천을 하면서 변화를 얻을 수 있는 시기는 내가 건강하고 여유가 있을 때입니다. 어려움에 처해 있을 때 성취하기 힘든 목표를 억지로 설정해 놓고 그것을 해내지 못하는 자신을 비난하지 않았으면 합니다.

우리는 건강한 몸과 마음을 위해 운동을 하거나 때로는 PT personal training 를 받기도 합니다. 누구라도 건강한 상태일 때는 이런 PT가 도움이 됩니다. 운동을 할 수 있는 마음의 여유도 있으니 일석이조 일지 모릅니다. 하지만 정신적으로나 체력적으로 너무 지쳐 있는 상태에서는 제아무리 훌륭한 트레이너의 PT라도 도움이 되지 않습니다.

이런 논리는 삶의 위기에 있을 때도 마찬가지입니다. 이상적인 목표를 세우고 힘들게 노력하는 것은 나중의 일입니다. 내가 여유 있고 건강한 타이밍에 자기를 계발하는 것이지, 지금은 일상을 유지하면서 마음을 돌보는 것이 우선입니다.

삶의 위기에는 위로와 공감이 먼저다

다른 사람의 조언, 현인들의 명언, 자기계발서 같은 책은 내 삶의 목표와 가치 실현에 도움을 줄 수 있으니 인생에서 꼭 필요합니다. 내 인생에 신선한 자극이 되고 원동력이 된다면 그보다 좋은 일은 없을 것입니다.

하지만 그런 이야기는 그냥 그들의 이야기일 뿐입니다. 시대도,

환경도, 삶의 방식도 완전히 다른 나에게 정확히 들어맞는 이야기가 아닐 수 있다는 말입니다. 지금은 그런 일방적인 조언보다 현실적인 위로와 공감이 필요한 때임을 마음에 새겼으면 좋겠습니다.

오랜만에 어린 시절부터 친하게 지내 온 친구들을 만났습니다. 다들 이런저런 문제가 있고, 어려움이 있다는 사실을 굳이 말하지 않아도 서로 알고 있습니다.

이상하게도 진지한 이야기보다는 시시하기 짝이 없는 말들이 오고갑니다. 때로는 시시껄렁한 농담이 오가기도 하고, 서로에 대한 비난과 욕설이 터져 나오기도 합니다. 이런 광경이 나를 아끼는 사람들과의 평범한 만남입니다. 그러나 우리는 알고 있습니다. 이런 평범한 만남에서 위로의 말 한 마디 없이도 충분히 위로받는 경험을 한다는 사실을 말입니다.

하인츠 코헛 박사는 이렇게 말합니다.

"건강한 자존감은 나 자신을 있는 그대로 표현해도 비난하지 않으면서 바라보고 반응해 주는 대상을 만나면서 발전한다."

이런 과정은 어린 시절 부모님과의 관계에서만 형성되고 고정되는 것이 아니라 평생을 살면서 조금씩 변화해 나갑니다. 나를 비난하지 않고 있는 그대로 바라봐 주는 사람과의 만남에서 누군가에게 위로받고 공감받는 바로 그 순간에 나 스스로가 가치 있는 존재라고 다시 믿으며 자존감은 회복됩니다.

코헛 박사는 건강한 자존감에 대해서는 '자기위로 기능self-soothing capacity'을 이야기합니다. 예를 들어 연인과 이별한 여성이 있습니다. 그녀가 자기 자신에게 말하는 모습이 보입니다.

"너 때문에 차인 게 아니잖아, 그 남자가 좀 이상했던 거야. 별것 아닌 일에 자주 삐쳐서 말이 안 통할 때도 많았잖아. 너는 이것 말고도 더 어려운 일들도 잘 이겨 냈었어. 그냥 지나가는 괴로움일 뿐이야. 괴롭지만 이번 이별도 곧 지나가겠지."

바로 이것이 자기위로 기능이 훌륭하게 작동하는 사람의 자아입니다.

반면 여기에 연인과 이별한 또 다른 여성이 스스로에게 이야기하는 모습은 이렇습니다.

"네가 요즘 다이어트도 안 하고 자기 관리도 제대로 못했잖아. 게다가 자기표현도 잘 못하고, 화를 내는 것도 아니고 그렇다고 남자에게 잘 대해 주는 것도 아니고, 그러니 남자한테 차이고 말았지."

자기위로 기능이 작동하지 않고 신랄한 자기비난만이 활성화된 사람의 자아는 이렇게 자기 자신에게 냉혹합니다.

자기위로 기능이 자기합리화이며 지나치게 낙천적이라고 말하는 사람들이 있습니다. 자기비판 기능이 옳고 합리적이라고 여기는 사람들도 있습니다.

하지만 쓴 약이 반드시 몸에 좋은 것은 아닙니다. 우리는 가끔씩 자신을 비판하는 말이 나를 위하는 목소리라고 생각하는 경향이 있습니다. 이런 생각은 결코 옳지 않은 생각입니다.

가끔 우리는 남들에게는 함부로 말하지 못할 무시무시한 폄훼와 비판을 자신에게 쏟아 내곤 합니다. 군이 그렇게까지 해서 자신을 인생의 구석으로 몰아붙여 봤자 남는 것은 아무것도 없습니다.

물론 마냥 좋게 봐줄 필요는 없습니다. 지나치게 긍정적으로 자기 자신을 바라보는 태도는 인생에 당당하게 맞서야 할 때 전혀 도움이 되지 않습니다.

그냥 남들을 봐주듯이 그 정도로만 나 자신에게 말해 줄 수 있으면 충분합니다. 남들을 대하는 기준 정도로만 봐주면 됩니다. 자신에게 너무 특별한 기준을 세우면서 힘들게 하지 않았으면 합니다.

자기를 스스로 잘 위로할 수 있는 사람

삶의 모든 순간에 자존감이 높고 마음이 건강한 사람으로 존재할 수는 없습니다. 삶의 어려운 고비에 나 자신이 마음에 들지 않는 순간이 분명 있습니다.

그럴 때 자기위로 기능이 잘 작동하는 사람이 자존감이 높은 사람이고 마음이 건강한 사람입니다. 그렇기에 자기위로 기능이 발달한 사람은 어려움에 처해도 빨리 극복하고 회복되어 다시 일어나서 자기 삶의 목표와 가치를 찾아 나서게 됩니다.

삶의 어려운 순간에 처했는데 극복할 힘을 얻을 수 있는 책을 추천해 달라는 사람이 있습니다. 때로는 도움이 되는 조언 한 마디를 구하는 사람도 있습니다. 그런 분들에게 정신건강의학과 의사가 전하는 이야기는 이것입니다.

"책 한 권, 조언 하나로 극복할 수 있다면 삶의 큰 어려움이 아닐 것입니다. 다른 사람의 성공 경험과 나의 현재 경험은 분명히 다르니 그들과 나를 비교하면서 상처받지 마세요. 지나치게 이상적인 목표, 실천하기 어려운 계획을 세워 놓고 자신의 무력을 탓하지 않았으면 합니다. 지금은 조언이나 자기계발서보다는 주변에서 당신을 위하는 사람의 실제적인 위로가 필요합니다. 그리고 또 하나, 자기 스스로에게 건네는 위로가 필요한 때입니다."

2장

스스로를 무례하게 대하는___너에게

내가 고생하는 편이 낫겠어요

남한테 신세지느니

저는 얼마 전 승진을 하게 됐어요. 저의 예상과는 달리 동기들보다 빠른 진급이었어요. 인정을 받은 것이 기쁘기도 하지만 부담감이 더 앞섭니다. 승진을 했으니 내 할 일만 잘하면 되는 것이 아니라 후배들을 책임지고 이끌어야 하기 때문입니다. 거기에 칭찬을 받는 일도 많지만 오히려 야단을 맞는 일 역시 많아지더라고요.

제가 원래 남한테 아쉬운 소리를 못해서 누구에게 신세를 지느니 그냥 제가 좀 더 고생을 하는 게 마음이 편한 편이에요. 그런데 이제는 후배들한테도 일일이 지시를 해야만 하는 게 쉽지가 않아요. 후배들도 기본적으로 할 일이 많다는 걸 잘 알고 있거든요. 그런데 일을 시키고, 때로는 싫은 말을 하는 게 저한테는 너무 어렵더라고요. 그래서 고민하다가 제가 그냥 야근을 해가면서 마무리한 일들도 많아요.

요즘 남들에게 안 좋은 말을 들을 때면 며칠을 고민하게 됩니다. 항상 시험을 보는 것처럼 곤두서 있는 느낌입니다. 이전부터 생각이 많은 편이었지만 마치 저 때문에 저희 부서 전체가 피해를 보는 것처럼 느껴지기도 합니다. 와이프는 사회생활을 하다 보면 어쩔 수 없는 일이라며 당신 잘못이 아니라고 흘려보내라는 데 저는 계속 자책을 하게 됩니다.

이런 게 쌓이다 보니 점차 지치더라고요. 저는 의욕적으로 일하는 사람이었는데, 요즘은 일상이 너무 힘들게만 느껴져요. 출근하기 전에는 가슴이 두근거리고, 회사에 가면 너무 힘들고 숨이 잘 쉬어지지 않아요. 이런 저는 어떻게 해야 할까요?

6

착한 사람으로
살아간다는 슬픔

❝ 남한테 싫은 소리를 하는 게 너무 힘들어요 ❞

항상 좋은 사람으로 살아야 한다는 신념 때문에

우리는 주위 사람들에게 가능하다면 괜찮은 모습으로 기억되기를 원합니다. 그래서 최선을 다해 남들이 기대하는 모습을 보이려고 하고, 남들이 싫어하는 모습은 보이지 않으려고 노력합니다. 이런 부분들은 원활한 사회생활을 위해 필요한 덕목이기도 합니다.

하지만 이런 노력에도 불구하고 우리는 다른 사람에게 언제까지나 좋은 모습으로만 남을 수는 없습니다. 남에게 좋은 행동이 나에게는 손해가 될 수 있고, 좋은 모습으로만 유지하는 것은 몹시 피곤한 일이기 때문입니다.

그래서 우리는 상황에 따라 선택을 해야 합니다. 조금은 이기적이지만 내게 이득이 되는 행동을 하는 게 맞을지, 아니면 다른 사람을 위해 자신을 버리는 좋은 사람이 되는 게 맞을지를 생각합니다.

이럴 때 우리는 적절한 선을 지키며 크게 미움을 받지 않으면서도 나에게 이득이 되는 선택을 하게 됩니다. 누군가는 자신만을 생각해서 이기적인 선택을 자주하지만 다른 누군가는 너무 좋은 모습으로만 남으려고 애를 쓰면서 지나치게 힘들어하기도 합니다. 이런 현상을 '착한 사람 증후군nice guy syndrome', 또는 '착한 아이 증후군good boy syndrome'이라고 합니다.

착한 사람 증후군의 가장 큰 특징은 부정적인 평가를 병적으로 싫어하는 것입니다. 그래서 상대방에게 부정적인 의사 표현을 하지 못합니다. 할 말이 없는 것은 아닌데도 부정적인 의사를 표현하고 나서 돌아오는 부정적인 평가를 크게 느끼고 두려워합니다.

그래서 자신의 목소리를 내지 못하고 다른 사람의 감정이나 의견에 따르곤 합니다. 솔직하게 표현하지 못하고 다른 사람의 의견에 따라 양보하고, 미안하지 않으면서도 미안하다는 말을 쉽게 하는 사람이 됩니다.

그래서 착한 사람 증후군인 사람은 대개는 '예스맨'이라는 소리를 들으며 '좋은 사람'이라는 평가를 받습니다. 그는 항상 성실하게 일을 처리하기에 업무 능력이 뛰어나고, 주변을 의식하기에 밝은 모습을 보입니다.

반면에 남에게 아쉬운 소리를 하거나 업무적인 부탁을 하는 일은 감당하기 어려워하고 남에게 지시하는 일은 몹시 불편하게 느낍니다.

이런 상황이니 회사 같은 조직에서 상급자가 될수록 힘들어하는 경우가 많습니다. 실무자로 일할 때는 주어진 일만 잘 하면 되지만 점차 결정하는 자리로 오를수록 남에게 시키는 일, 꾸중을 하는 일에 어려움이 생기기 때문입니다.

착한 사람은 착한 아이였다

"제가 직접 일을 하니 마음은 편하지만, 갈수록 몸이 지쳐가더라고요. 집에만 가면 녹초가 되고 점점 몸이 고장 나는 것 느낌이었어요. 두통이 너무 심할 때는 출근을 못할 때도 있어요. 최근에 같은 부서의 후배와 상담을 했어요. 요즘 무척 힘들다고 하는데, 그게 저를 비난하는 것처럼 느껴지는 거예요. 무능한 나 때문에 부서에 문제가 있다고 생각하게 되더라고요. 제 사정을 아는 동료는 그렇게 생각할 문제가 아니라고 조언하지만, 모든 게 제 탓으로 느껴져서 괴로웠습니다. 어떨 때는 그냥 보직을 내려놓고 다시 일반직으로 내려가는 게 좋지 않을까 생각하곤 합니다."

착한 사람 증후군을 겪는 사람은 어린 시절에 착한 아이였을 경우가 많습니다. 이들은 부모가 권위적인 경우가 많은데 이런 강한 성격의 부모에게 인정받기 위해 과도하게 자신의 감정을 억압하게 됩니다.

부모의 말을 듣지 않으면 어쩌면 부모로부터 사랑받지 못할지도 모른다는 근본적인 두려움을 무의식중에 내제화하게 되는데, 착한 사람 증후군으로 고생하는 사람들의 이면에는 이런 마음이 숨어있곤 합니다.

착하지 않으면 버림을 받을 것 같은 느낌 때문에 말을 잘 듣는 아이가 되어 부모님의 기대를 충족시키고자 하는 심리가 그들의 머릿속에 꽉 차 있습니다.

따라서 그들은 남에게 미움을 받는 것을 병적으로 싫어합니다. 착하지 않으면 인정받지 못한다는 생각에 사로잡힌 채 항상 주변의 눈치를 보고 누구보다 재빠르게 행동합니다. 정확히 말하면 좋은 평가를 받기 위해서가 아니라 나쁜 평가를 피하기 위해 그토록 애를 쓰는 것입니다.

누구나 살다 보면 좋지 못한 평가를 받을 때가 있습니다. 하지만 착한 사람은 작은 잘못 하나, 피치 못할 지적 하나를 큰 잘못을 저지른 것처럼 느껴 자존감이 떨어지게 됩니다.

그는 자신의 잘못에 대해서는 크게 생각하고 좋은 평가에 대해서는 그냥 당연한 일로 받아들입니다. 그렇게 산다는 것은 어찌 보면 자신에게만 불리한 게임을 혼자 하고 있는 것처럼 느껴집니다.

100점짜리 시험을 쳐서 90점을 맞았다면, 그의 눈에 남은 10점은 너무 크게 보입니다. 90점이라는 점수가 남들에게는 훌륭한 점수가 분명하지만 착한 사람 증후군인 사람은 얻지 못한 10점을 크게 바라봅니다.

인기도 많고, 대인관계도 좋지만

착한 사람 증후군을 겪는 사람은 인기도 많고 대인관계도 좋은 편이지만, 이런 경향을 유지하기가 힘든 상황이 되었을 때 문제가 됩니다. 환경이 바뀌어 새로운 곳에 적응해야 할 때, 승진해서 다른 모습을 보여야 할 때, 개인적으로 감당하기 어려운 일이 겹치는 상황이 되면 적응력이 현저히 떨어집니다.

그들은 힘이 부치는 걸 느끼지만 이를 억지로 누르면서 지나치게 좋은 모습을 유지하려고 합니다. 하지만 억지로 꾸며 낸 모습의 끝에서 결국 지쳐 버리고 맙니다.

착한 사람 증후군은 신체적인 증상에 대한 호소가 많습니다. 자신의 지친 마음을 이성적으로 표현하기보다는 버티고 버티다가 한계를 넘어선 스트레스가 몸으로 표현됩니다.

그들은 특별히 원인이 없는 소화 장애, 두통, 근육통, 이명 같은 애매한 신경성 증상을 호소하는 경우가 많습니다. 이런 증상은 회사만 가면 두근거리는 불안 증상이나 공황으로 이어지기도 합니다.

만약 이런 신체적인 증상들에다 피로감, 불안감을 느낀다면 자신이 한계에 도달해 있으며 누군가의 도움이나 변화가 필요하다는 사실을 말하는 몸과 마음의 신호라는 사실을 알아야 합니다.

그가 스스로 생각하는 모습과 주변의 평가는 많이 달랐습니다. 부서에서는 밝은 성격으로 성실하게 맡은 일을 다 했기에 유능하다는 말을 들었습니다. 그래서 진급도 남들보다 빨리 할 수 있었습니다.

그러한 결과는 그가 알고 있는 것처럼 단순히 운이 좋아서 승진이 빨랐던 것이 아니었습니다. 그래서 진급하고 힘들어하는 모습에 많은 사람들은 부정적인 반응보다는 걱정의 눈으로 바라보고 있었습니다.

착한 사람이 되고자 하는 경향성은 잘못된 것이 아닙니다. 오히

려 좋은 사람이 되고자 하는 노력은 긍정적이고, 본인을 발전하게
만들 수 있습니다.

그는 조직을 전반적으로 따뜻하게 아우르는 선한 리더십의 주인
공이 될 수 있습니다. 결코 문제가 아니라는 이야기입니다. 다만 이
경향이 극심해지는 시기가 문제로, 삶의 가장 힘들 수 있는 때가 바
로 그 무렵입니다.

그에게는 강한 의지로 극복해 왔던 일이 불가능하게 여겨지고 다
른 삶의 가치가 필요한 순간이 있을 것입니다. 앞선 사례에서처럼
승진을 하고, 해야 할 업무에 대한 변화가 필요한 시기가 바로 그런
때입니다.

심리적인 현실과 실제적인 현실

이런 식의 인식을 바꾸는 데는 '인지적인 접근'이 필요합니다. 이
연습은 상황을 객관적으로 바라보는 것으로 시작합니다. 사람의 경
험은 결국 주관적일 수밖에 없습니다. 똑같은 상황이지만 그것을
받아들이는 개인의 경험은 다를 수밖에 없다는 이야기입니다.

같은 상황이지만 각각의 사람마다 다르게 인식하는 것을 '심리
적인 현실psychological reality' 인식이라고 합니다. 이 심리적인 현실은
'실제적인 현실actual reality'과는 분명 차이가 있습니다.

따라서 만약 내가 아니라 나와 비슷한 상황에 처한 다른 사람의 입장에서 바라본다면 어떨까 하고 가정을 해보는 것입니다. 그런 상황에 대해 내가 주변의 소중한 사람에게 조언을 해준다면 어떻게 말해 줄 수 있을까요?

인지적인 접근을 시도하려면 나라는 사람의 가치에 대해 전반적으로 되돌아보는 과정이 필요합니다. 나는 유능한 사람이었습니다. 그런데 나에 대한 평가를 최근 몇 가지 좋지 않은 결과만으로 비하한다는 것은 너무 부당한 일입니다.

10여 년을 열심히 회사생활을 해온 사람을 요즘 몇 가지 좋지 않은 일들이 있었다고 해서 좋지 않게 평가하지는 말아야 합니다.

상사가 비판을 할 수도 있습니다. 그것은 나라는 사람에 대한 비난이 아니라 잘못된 일에 대한 비판이고 조언입니다. 그렇기에 조금 안 좋은 말을 듣는다고 해도 나의 전체 가치가 떨어지는 것은 아닙니다.

누구도 나를 쓸모없거나 부정적인 사람으로 보는 것이 아닙니다. 요즘의 몇 가지 일이 잘못되었지만 '나는 여전히 꽤 괜찮은 사람'이라고 생각해야 합니다.

누군가에게 업무를 지시하거나 야단을 치는 것도 마찬가지입니다. 내가 불쾌할 수 있는 말을 하면 상대는 서운할 수도 있고 돌아서서는 섭섭한 마음에 비난할 수도 있습니다.

그렇다고 해서 나에 대한 전체 평가가 달라지는 것은 아닙니다. 남에게 마냥 좋을 수 있는 사람은 아무도 없습니다. 그러니 그렇게 불가능한 것을 나에게 바라지 말았으면 합니다.

당신은 아무 이유 없이 남을 비난하는 사람이 아닙니다. 상대방이 내 말에 조금 상처를 받을 수는 있지만, 길게는 그에게 분명 그말이 도움이 될 것입니다.

때로는 나에 대한 부정적인 평가와 비난에 너무 압도된 나머지 불안이나 다른 신체 증상으로 표현이 될 때는 잠시 휴식을 취하고 돌아오는 것이 좋은 방법입니다.

너무 착해지려고만 하는 사람은 힘들 때 연차를 쓰거나 병가를 사용하는 것을 잘못된 일로 생각하는 경향이 있습니다. 결코 그렇지 않습니다. 휴식은 도망치는 일이 아니고 잠시 쉬었다가 다시 돌아오는 것뿐입니다.

나라는 사람은 달라진 상황에 잠시 지쳤던 것뿐이니 휴식 후에 원래의 '괜찮은 나'로 다시 돌아오게 됩니다. 그러니 잠시 휴식기를 가지고 돌아오는 것이 장기적으로는 확실히 도움이 된다는 사실을 잊지 말기 바랍니다.

지금 눈앞의 며칠, 몇 주를 쉬는 것에 대해 자기가 속한 조직에 미안해하지 않았으면 합니다. 앞으로 10년, 20년을 더 일할 날들을 생각해 보면 그다지 긴 휴식도 아닙니다. 오히려 휴식을 취하고 회복해서 좋은 모습을 보이는 것이 스스로나 주변을 위한 방향일 수 있습니다.

노력하지 않아도, 지금도 충분히 괜찮습니다

착한 사람 증후군으로 고민하다 나를 찾아왔던 그는 면담을 마무리할 때 노력하겠다는 말로 끝을 맺었습니다. 그만큼 그는 공손한 사람이었습니다. 그때 나의 대답은 이러했습니다.

"아닙니다. 노력하지 않아도 됩니다. 지금도 괜찮으니까요."

그는 이런 생각을 해본 적이 없다고 했습니다. 그는 남들에게 항상 좋은 사람이었지만 정작 자기 자신은 좋은 사람이라는 생각을 별로 하지 않았습니다. 하지만 그가 힘들어하는 지금도 많은 사람들은 그에 대해 좋은 평가를 하고 있고, 능력 있는 사람으로 인정하고 있다는 사실을 기억했으면 합니다.

착한 사람이 되려는 지나친 욕구 때문에 남들에게는 좋은 모습을 보이고 자신에게는 엄격한 잣대로 날선 비난을 하다가 지쳐 버린 사람들에게 정신건강의학과 의사가 전하고 싶은 이야기는 이것입니다.

"착한 사람의 이면에는 착한 아이가 되고 싶은 마음이 있는데, 사실 이것은 오히려 좋은 성격이고 발전적인 부분입니다. 하지만 심한 불안감이나 신체적인 증상이 나타날 정도라면, 그것은 변화가 필요하다는 사실을 말해 주는 것입니다. 한 번에 성격이 완전히 바뀌는 그런 일은 없습니다. 그냥 남들을 보는 기준 정도로만 나를 바라보면서, 자신에게 말해 주었으면 좋겠습니다. 그렇게 심각한 문제로 생각하지 않아도 되고, 노력하지 않아도 당신은 충분히 잘 해왔습니다. 그리고 앞으로도 잘 해나갈 것입니다."

저는 가끔 스스로 한심하다고 느끼곤 해요

저는 일을 하는데 항상 꾸물거리다가 뒤늦게야 일을 시작합니다. 해야 된다는 것은 잘 알고 있지만 핸드폰을 만지작거리며 중요하지도 않은 기사 검색을 하다가 한참 뒤에야 일을 시작해요.

그러니 결과가 좋을 리가 없습니다. 실수는 또 얼마나 많은지, 크고 작은 실수들이 너무 많아 가끔은 사람들 보기 민망할 때가 있기도 합니다. 저 나름대로는 열심히 하려고 '이번엔 달라질 거야' 하고 다짐을 해봐도 얼마 가지를 못하고 그냥 그 자리입니다.

주변에서 '너는 집중을 잘 못한다, 게으르다'고 말하는 사람들이 많아요. 얼마 전에는 상사 분이 '제발 시키는 일만 집중해서 해줘'라는 말을 했었는데, 자존감이 무너지는 것 같더라고요.

제가 하는 일이 적성에 맞지 않아서 그런 것 같아 직장을 옮겨 보고, 이런저런 변화를 줘 봐도 다시 반복이 되니 저 스스로가 답이 없다는 생각을 하게 됩니다.

학교에 다닐 때도 수업 시간에 다른 생각을 하다가 진도를 놓쳐 혼이 났던 기억들이 많아요. 스스로 생각하기에는 앉아서 공부하는 시간이 꽤 많고 나름 열심히 준비했는데, 노력에 비해 효율이 안 나는 것 같았어요. 그래서인지 친구들은 늘 저를 보고 항상 한 박자 느리고 멍 때리고 있다며 놀리곤 했지요.

최근에 아르바이트를 시작하면서부터 저 스스로가 확실히 문제라는 걸 알게 됐어요. 직장에서 문제가 있으니 좀 쉬자는 마음으로 간단한 아르바이트를 시작했는데, 물품 배열과 매출 계산 같은 간단한 일에도 실수가 너무 잦은 거예요. 그래서 저 스스로 ADHD가 아닐까 생각하게 됐어요. 이런 저는 치료가 필요할까요?

7

집중하지 못하는 나,
왜 이럴까요?

❝ 자주 멍 때리고 실수하는 나는 ADHD일까요? ❞

부쩍 많아진 성인 ADHD

우리는 집중을 제대로 못하는 사람들을 자주 봅니다. 해야 할 일이 있는데도 대책 없이 미루면서 다른 일을 하며 시간을 보냅니다. 그런 과정에서 사소한 실수를 반복하면서 주변의 좋지 못한 평가를 받기도 합니다.

과거에 이런 경향이 있는 사람은 그냥 게으르고 집중력이 부족하다는 말을 들었을 뿐, 아무리 심해도 치료가 필요할 수 있다는 생각은 하지 않았습니다. 그때는 정신건강 문제라고 하면 마치 큰 문제가 있는 것으로 여겼기에 집중력이 부족한 것이 하나의 질환일 거라고는 생각하지 않았기 때문입니다.

주로 집중력 문제가 나타나는 ADHD attention deficit hyperactivity disorder 는 불과 10여 년 전만 해도 널리 알려지지 않은 질환이었습니다. 일반 대중은 물론이고 정신건강의학과 내부에서도 흔히 이야기하지 않는 문제였고, 소아정신의학 쪽에서나 가끔 이야기되곤 했습니다.

하지만 이제 ADHD는 누구나 아는 용어가 되었습니다. 예전에는 단순히 성격적인 결함이나 개인의 문제로 여겨지던 부분이 이제는 하나의 질환으로 취급받으며 제대로 된 치료를 받게 된 것입니다.

특히 요즘 들어서 성인 ADHD에 대한 책들이 많이 출간되고 언론에서도 이와 관련된 이야기를 많이 해서인지 성인의 ADHD 경향에 대한 관심이 높아졌습니다.

이런 흐름을 보여 주듯이 정신과 전문의들은 업무 능력이나 집중력과 관련된 고민을 안고 찾아오는 분들을 자주 만나게 됩니다. 이들 중 상당수는 스스로 ADHD인 것 같다고 말하기도 합니다.

그러나 나의 경험에선 ADHD라는 진단을 하고 치료해 나가는 분들도 있지만 그렇지 않은 사람도 많은 것 같습니다. ADHD일 경우에는 대부분 집중력이 떨어지지만, 집중력이 떨어지는 문제가 있다고 해서 꼭 ADHD를 의미하지는 않기 때문입니다.

집중력 문제가 반복되면 ADHD를 의심하라

성인 ADHD는 집중력이 부족한 질환입니다. 시험 공부나 어려운 전공 서적을 읽으려면 고도의 집중력이 필요한데, 다른 생각을 하면서 마음이 엉뚱한 곳에 가 있으면 당연히 효율이 떨어집니다.

그래서 그런 사람은 노력한 만큼 성과가 나지 않는다는 말을 자주 하게 됩니다. 그러나 엄밀한 의미에서 ADHD는 이렇게 힘든 일을 하면서 집중력이 부족한 상황만을 뜻하지는 않습니다. 오히려 일상적인 생활에서 집중하지 못하는 일들이 더 큰 문제가 됩니다.

그들은 일을 시작하는 데 걸리는 예열 단계에서 본격적인 일로 넘어가는 과정이 아주 오래 걸립니다. 시작하기 전에 핸드폰을 만지작거리거나 주변 정리를 하면서 시간을 오래 끌며 꾸물대기 때문입니다.

정말로 집중해야 할 일에는 집중하지 못하고 필요 없는 일에만 빠져들어서 시간을 허비하니 문제가 심각해집니다. 그들은 심할 경우, 간신히 집중했다가도 외부의 작은 소리, 자극에도 쉽게 집중이 흐트러지곤 합니다.

업무를 진행하면서는 더 큰 문제가 됩니다. 남들은 다들 쉽게 하는 일인데 그는 자신을 모질게 몰아붙여야만 겨우 마감 시간 내에 마무리할 수가 있습니다.

그런데도 작은 실수들이 반복되는 것을 피할 수가 없습니다. 그러면 그 실수를 고치고 다시 메우는 데 시간이 소비됩니다. 심지어 그런 와중에도 자주 멍을 때리고 방금 말해 준 이야기인데도 깜빡할 때가 있어서 당황스럽기만 합니다.

전체적인 그림보다 세부적인 사항에 더 집착하면서, 중요한 일과 그렇지 않은 일에서 일의 순서를 잘 세우지 못하는 것도 자주 나타나는 증상입니다.

그런가 하면 사람을 대하면서 전반적인 분위기나 말의 맥락에 집중하지 못하기도 합니다. 분위기를 잘못 맞추거나 농담인데도 진담인 것처럼 받아들여 분위기를 싸늘하게 만들기도 합니다. 때로는 바로 앞에서 말하는 사람의 이야기에도 집중을 못하고 자꾸 되묻곤 합니다.

이러한 ADHD의 원인은 무엇일까요? 결론부터 말하자면, 심리적인 요인보다 생물학적인 요인이 훨씬 더 큰 비중을 차지한다고 할 수 있습니다.

전문가들은 뇌의 한 부분인 전전두엽의 기능 저하가 ADHD의 원인이라고 말합니다. 사람의 인지기능의 핵심적인 역할을 하는 전두엽 가운데에서도 전전두엽은 주의 집중력, 판단 능력, 집행 기능 같이 일의 순서나 체계적인 일과 관련된 역할을 하는 부위입니다. 뇌의 기능을 분석하는 방법인 fMRI를 활용한 연구를 보면 ADHD 환자에게서는 전전두엽의 활성이 저하된 소견을 보입니다.

특히 뇌에 존재하는 호르몬 중에서 도파민dopamine 은 집중력이나 활력에 관여하는 호르몬인데, 이 호르몬의 활성도 저하가 전전두엽에서 두드러지게 나타납니다.

그래서 ADHD 환자들에게 집중력, 순서대로 일하는 능력, 계획을 세우는 능력 등의 현저한 저하가 나타나는 것입니다. 그렇다는 것은 과거부터 있어 왔던 나의 부족했던 부분들이 단순히 의지의 문제나 성격적인 결함이 아니라 뇌의 기능 저하에 따르는 문제일 수 있다는 것입니다.

ADHD와 자존감의 문제

ADHD 환자들의 이러한 기능적인 부족은 장기간에 걸쳐 자존감의 문제로 이어지게 됩니다. ADHD 환자는 부정적인 피드백을 자주 받게 됩니다. 대개는 어린 시절부터 비난하는 말에 익숙하다 보니 스스로를 부정적으로 보게 됩니다.

'나는 뭘 해도 안 돼', '나는 부족한 사람이야' 같은 생각을 품게 되고 더 나아가 '누가 나 같은 사람을 좋아하겠어?' 하는 식으로 스스로를 낮게 평가하니 사람들 앞에 서면 주눅이 들고 긴장을 하게 됩니다.

문제는 긴장하면 더 못하게 된다는 것입니다. 자신감이 없으니까 수동적으로만 일처리를 하고, 때로는 더욱 무기력해지면서 비난을 받는 악순환에 빠집니다. 그러면 그들은 안타깝게도 무기력을 학습하게 되고 모든 잘못에 대해 자기 탓을 하면서 낮은 자존감을 내재화하게 되는 것입니다.

그런데 사실 ADHD는 치료를 받으면 아주 좋아질 수 있는 질환입니다. 생물학적인 부분이 문제였고, 그 결핍을 약물을 통해 조절하면 드라마틱하게 효과를 보기도 합니다. 치료를 받은 후에 그들은 이런 말을 하기도 합니다.

"아주 다른 사람이 된 것 같아요. 치료를 진작에 받을 걸 그랬어요!"

"흑백 TV로 보던 것을 이제는 컬러 TV로 보는 것 같아요."

"세상이 아주 여유 있게 느껴져요."

이들은 약물 치료를 받고 대단히 좋은 반응을 보인 분들입니다.

인터넷 커뮤니티에서도 이렇게 좋은 치료 후기를 쉽게 만날 수 있습니다. 그런 후기 중에 이런 내용도 있습니다.

"집중을 못하고 꾸물거리는 습관이 성격적으로 게으르거나 의지가 부족해서 열심히 하지 않았던 게 아니라 뇌의 기능 저하에 따른 ADHD가 원인이었다는 사실을 알게 되었어요."

ADHD는 어른이 되어 갑자기 발생하지 않는다

얼마 전에 만난 후배가 갑자기 진지하게 말을 꺼냈습니다.

"선배, 나 요즘 ADHD가 있는 것 같아요. 일을 해도 집중이 안 되고 실수가 너무 잦아요."

그는 자신의 일을 능동적으로 해오던 유능한 사람이었습니다. 나는 오래 전부터 그의 성실함을 인정하고 있었고, 친하게 지내면서 많은 부분에서 자극을 받기도 했습니다. 이 친구가 호소하는 집중력 이야기가 ADHD에 관한 문제일까요?

ADHD를 이야기하면서 중요하게 생각해야 할 점은 '어른이 되어서 갑자기 발생하지는 않는다'는 것입니다. ADHD의 증상은 어린 시절부터 증상이 있었고, 그것이 어른이 되어서까지 문제가 된다면 성인 ADHD를 고려하는 것입니다. 따라서 후배의 '요즘

ADHD가 있는 것 같아요'라는 말은 이치에 맞지 않는 말입니다.

만약 갑자기 집중력 부족이 문제가 되거나 원래 약간은 집중력 부족이 있었는데 그럭저럭 지내 왔고, 최근 들어 이것이 문제로 느껴진다면 다른 원인을 먼저 생각해 봐야 합니다.

집중력이 부족해지거나 일의 효율이 떨어지는 가장 흔한 이유는 완전히 지친 상태를 의미하는 번아웃 증후군burnout syndrome 상태일 때가 가장 많습니다.

너무 지쳐 버리면 이전에는 당연하게 잘 해왔던 일도 전처럼 해내지 못합니다. 사람이 사용할 수 있는 에너지는 한정되어 있기 때문입니다. 지쳐 있는데도 억지로 버텨 나간다면 결국에는 에너지가 완전히 소진되어 눈앞의 간단한 일도 제대로 처리하지 못하는 상태가 됩니다.

이런 상태는 보기에는 ADHD와 비슷하게 집중력 부족, 업무 능력 저하가 문제일 수 있는데 ADHD와는 접근이 아예 다릅니다.

소진 상태, 즉 완전히 지쳐 있을 때는 휴식을 취해야 합니다. 억지로 일에 더 몰입할 게 아니라 한 발 물러나서 바라보는 마음의 여유가 필요하다는 이야기입니다. 그러지 않고 계속해서 이런 소진 상태를 방치하거나 몰아붙이면 우울감이 쉽게 찾아오게 되니 유념

해야 합니다.

우울감을 호소하는 환자를 대할 때 '이전보다 생각의 속도가 늦어졌다', '머리에 안개가 낀 것 같다'는 말을 많이 듣습니다. 사실 우울한 사람의 뇌기능 연구에서 뇌의 각 부분들 사이에 연결이 감소되어 있는 것을 발견하게 됩니다. 우리의 뇌는 각 부분별로 다른 역할을 하는데, 부분들의 연결이 원활하게 되지 않다는 것입니다.

이렇게 되면, 일상적인 단순한 업무는 그럭저럭 뇌가 기능을 할 수 있는데 복잡한 업무나 창의적인 활동을 할 때는 뇌가 제대로 협조하지 못하게 됩니다. 그래서 멀티태스킹이 필요한 업무를 하는데 차질이 생기게 되는 것입니다.

게다가 이렇게 우울감이 찾아올 때 우리는 부정적인 측면에 더 많이 집중하게 됩니다. 과거의 여러 가지 모습들 중에서 부족했던 부분을 더 많이 떠올리는 것입니다.

과거에 꾸물거렸던 모습, 제대로 집중하지 못해서 결과가 나빴던 일들, 실수했던 일들을 자꾸 떠올리게 됩니다. 실제로는 그렇지 않았음에도 예전부터 항상 부족했고, 실수를 해왔던 것처럼 생각이 되고, 그렇게 나쁜 쪽으로 나를 몰아갑니다.

우리는 항상 어떤 결과에 대해 가능한 한 원인이 명쾌하기를 바라곤 합니다. 그런데 우울하고 지쳐서 집중력과 효율이 떨어졌다는 설명은 바로 연결이 되지 않습니다. 지금의 집중력 문제가 사실은 ADHD였다는 설명이 좀 더 명쾌하고 연결이 잘 되는 것입니다.

게다가 내가 우울하거나 지쳐 있다는 것은 자신에게 뭔가 문제가 있는 것처럼 여겨집니다. 특히 우울증이라는 진단은 ADHD라는 진단보다 좀 더 무거운 느낌이 들기도 합니다. 이전에는 매사에 활기차게 잘 지내 온 내가 지쳐 있고 우울하다는 사실은 쉽게 받아들이기 어렵습니다.

그런데 ADHD가 꽤 흔한 문제이고 주변의 누군가도 진료를 받고 있다는 이야기를 들으면, 이 문제가 트렌디한 질환인 것으로 느껴지기도 합니다.

인터넷에서 ADHD 치료를 받고 나니 드라마틱한 호전을 봤다는 치료 후기들 역시 생각이 납니다. 그러다 보면 내가 겪는 최근의 집중력의 문제는 ADHD에 의한 것이라고 스스로 잠정적인 결론을 내리게 되는 것입니다.

중독 위험이 있는 ADHD 치료제

자신이 ADHD가 아니라는 사실에 실망하는 사람들이 더러 있습니다. 질환이 아니라는 판단을 내리거나 우울이나 다른 진단을 내리는 것에 오히려 실망하는 것입니다.

ADHD가 아니라는 말에 실망하지 않았으면 합니다. ADHD가 치료를 통해 많은 호전을 보이는 건 사실이지만, 이 질환은 매우 장기적인 치료를 요합니다.

일반적으로 지쳐서 우울감을 호소하거나 우울증의 경우는 '양성 질환'이라고 이야기합니다. 치료를 받고 좋아지고 나면 다시 원래의 좋은 상태로 돌아오게 되고, 얼마 후에 회복을 해서 치료를 종료하면 되기 때문입니다.

하지만 ADHD는 기능적인 손상이기 때문에 보다 장기적인 치료가 필요하고, 경우에 따라서는 평생을 조절해 나가야 합니다. 이런 이유 때문에 대부분의 정신과 의사들은 ADHD 진단을 내릴 때 신중하게 고민합니다. 그래서 바로 진단을 내리지 않고 경과를 좀 더 보면서 생각해 보자고 이야기를 하기도 합니다.

ADHD의 약물 역시 문제가 될 수 있습니다. ADHD가 아닌 사람에게 ADHD 관련 약물을 투입하면 좋아질까요? 전체는 아니더라도 일부는 좋아집니다.

ADHD가 각성 효과가 있어서 집중을 담당하는 호르몬인 도파민을 활성화시키기 때문에 ADHD가 아니더라도 집중력이 향상되거나 무기력함이 좋아질 수 있습니다. 이것이 바로 ADHD 약물이 '공부 잘하는 약'이라고 알려진 이유입니다.

하지만 이런 효과는 매우 일시적이고 부정적인 역할이 훨씬 큽니다. 과거에 아편 계열의 약물에 관련된 연구가 있었습니다. 진통 효과를 목적으로 아편 계열의 약물을 사용하는데, 이 약물은 통증에 매우 효과적인 치료제인 것은 분명하지만 중독 우려가 매우 크다는 문제가 있습니다.

수술 후 큰 통증이 있을 때 아편 계열의 약물을 사용하는 것은 거의 모든 경우에 중독이 되지 않습니다. 증상이 심할 때는 아편이 작용하는 수용체 부위가 과하게 활성화되어 있고, 이에 따라서 약물의 내성이나 금단 증상이 발생하지 않는 것입니다.

그런데 아편 계열의 약물을 오남용할 경우에는 아주 조금만 사용해도 쉽게 중독되고 몸이 완전히 망가져 버리기도 합니다. 필요하지 않을 때에 중독 위험성이 있는 약물의 사용은 아주 소량을 사용하더라도 이렇게 큰 문제를 초래할 수 있습니다.

ADHD 치료제 역시 중독 위험이 있습니다. ADHD 증상이 있을 때와 같이 필요한 경우에 복용하는 약물은 치료제로서 효과를 보이지만 다른 사용에서는 독으로 작용될 수 있습니다.

또 증상의 전체가 좋아지는 것도 아니며, 아주 일부의 각성 효과만을 보입니다. 일부 불편감이 좋아질 수도 있지만 내성이 생기는 바람에 점차 많은 양을 필요로 하게 되고, 약물을 중단할 경우에는 오히려 불편감이 더 심해지기 때문에 의존하게 되는 것입니다.

스스로 어떤 질환이라고 미리 예단하지 마라

같은 집중력 저하라는 현상이라고 해도 상황에 맞는 해법이 필요합니다. 이런저런 원인으로 발생하는 집중 문제를 모두 ADHD의 증상으로 여기게 된다면 적절한 치료가 되지 않고 나아질 수가 없습니다.

집중력 문제가 ADHD 때문이 아니라 다른 원인에 따른 결과인데 증상에만 집중해서 좋아지려고 한다면 결코 좋은 해결법이 될 수 없습니다. 잠시 쉬어가고 삶을 재정비해야 하는 것이 필요할 수도 있습니다.

사회의 변화에 따라 질병도 트렌드가 있다고 생각합니다. 과거에는 질환이라고 생각하지 못했던 것이 이제는 치료를 받고 좋아지게 된다는 점에서는 긍정적인 일입니다.

하지만 불편한 부분을 트렌드에 따라서 단정하지는 말아야 합니다. 요즘 ADHD 질환이 관심을 받고 있지만, ADHD라는 진단과 치료는 매우 조심스럽게 이루어졌으면 합니다.

집중력 문제로 인하여 일상생활에서 어려움을 경험하고, 때로는 스스로를 ADHD라고 생각하면서 정신건강의학과를 찾아오는 사람에게 전하고 싶은 이야기는 이것입니다.

> "집중력이 부족하다며 스스로가 ADHD라고 생각하는 사람들이 많습니다. ADHD 말고도 집중력이 떨어지는 경우는 많이 있습니다. 너무 지쳐 있거나 우울감이 큰 경우에 집중력 문제를 보이는 경우도 많습니다. 스스로 어떤 질환이라고 미리 판단할 필요는 없습니다. 만약 요즘 관심을 모으는 ADHD라면 그에 맞는 치료를 하면 많이 좋아질 수 있습니다. 또 삶의 어려움이 있고 지쳐 있다면 잠시 쉬면서 문제들을 천천히 되짚어 보는 시간이 필요합니다. 어떤 문제가 요즘 느끼는 집중력 부족의 원인인지 시간을 두고 생각해 보고 필요한 방향을 찾아갔으면 합니다."

모든게 제 탓 같아요

반려동물이 떠나간 후

우리 부부는 몇 년 전에 안 좋은 일이 있을 때부터 마음의 평안을 얻으려고 강아지들과 함께 생활해 왔어요.

강아지들과 있을 때면 저의 기분에 따라 아이들의 반응이 달라지는데, 그게 제게 큰 위로가 되더라고요. 시간이 지나면서 우리는 강아지들을 가족이라고 생각했어요. 같이 생활하고 서로 많은 것을 공유했으니까요.

그런데 큰 녀석이 나이를 먹고 여기저기 불편한 곳이 생기기 시작해서 걱정이 많았어요. 조금만 걸어도 숨이 차는 아이의 모습을 보면서 언젠가는 헤어지는 날이 오겠구나 하고 막연히 생각은 하고 있었습니다.

그런데 그런 날이 예상치 못하게 오게 되더라고요. 간단한 수술을 하던 중에 생각지도 못하게 떠나보내게 되었어요. 그때부터 일상생활이 많이 힘드네요.

강아지와 항상 같이해서 그런지 어디를 가도 아이 기억이 나고 없는 자리가 너무 크게만 느껴집니다. 그냥 있어도 눈물이 나고, 전부 제 잘못인 것 같아 괴로워요. 못 해준 일, 아쉬웠던 일들만 생각이 나서 가슴이 미어질 때가 많아요.

주변에서 그냥 강아지일 뿐인데 뭐 그렇게 유난을 떠냐고 말하는 소리를 들으면 너무 화가 나요. 저한테는 정말 가족과 같은 아이거든요. 우리 강아지가 수술 과정에서 제대로 처치를 받았는지, 혹시 억울하게 죽은 것은 아닌지 계속해서 생각이 나서 저를 또 괴롭혀요. 이런 제가 좋아질 수 있을까요?

펫로스 증후군,
그 상실과 애도의 이야기

❮ 반려동물과의 사별로 마음의 병을 앓는다 ❯

반려동물을 대하는 새로운 인식

"요즘 우리 아이가 많이 예민해. 날이 더워서 그런지, 작은 소리에
도 화들짝 놀라기도 하고 말이야. 몸이 좀 안 좋은 거 같아서 주말
에 병원에라도 좀 다녀와야 할까 생각해."

"주변에 괜찮은 유치원이 있다고 하는데, 계속 혼자 두는 것도 그
렇고 금액이 좀 부담되기는 하지만 무리해서라도 보낼까 싶어."

"아이들 데리고 가도 눈치 안 봐도 되는 좋은 펜션이 생겼다고
하더라고. 주말에 펜션이라도 다녀올까? 산책길이 좋다고 소문이
나서 더욱 마음에 들어."

얼핏 보면 자녀를 둔 어머니들의 대화 같습니다. 하지만 이 대화는 반려동물을 둔 주인들의 이야기입니다. 그만큼 반려동물에 대한 인식이 많이 변화되었다는 사실을 확인할 수 있는 대화입니다.

어떤 사람들에게 반려동물은 가족 그 이상으로 여겨집니다. 그렇기에 반려동물의 작은 변화에도 주의 깊게 반응하고 많은 시간과 노력을 쏟는 것이 아깝지가 않습니다.

반려동물을 위한 영양식, 돌봐줄 사람이 없을 때 묵는 호텔은 이제는 익숙한 일이고 동물병원에서 사람에 대한 치료보다 몇 배는 더 비싼 검사나 수술을 받기도 합니다. 근처에는 반려동물을 위한 유치원, 보습학원이 생기기도 했습니다.

누군가에게 반려동물은 세상에서 가장 소중한 대상이 되기도 합니다. 우리는 살면서 현실에서 사람에게 상처를 받는 일이 흔합니다. 심지어 가족조차도 상처를 주기도 합니다. 하지만 반려동물은 주인에게 무조건적인 애정을 줍니다. 그것이 바로 사람과 다른 점입니다.

주인인 내가 뭔가 부족한 부분이 있어도, 밖에서 뭔가 잘못한 일이 있어도 반려동물은 그런 것을 탓하거나 나무라지 않습니다. 상처라도 받고 돌아오는 날에는 그런 기분을 재빨리 눈치채고 예민하게 반응하며 위로를 해줍니다.

아쉬운 점은, 반려동물에게 아무리 정성을 다한다고 해도 그들의 시간은 사람의 시간과 전혀 다르다는 사실입니다. 10년 전쯤에 아주 조그만 강아지로 만났는데, 시간이 흐른 지금은 백내장으로 눈이 탁해져서 문에 부딪히기도 하고 조금만 걸어도 숨을 헐떡이는 노견이 되어 있습니다.

이제 조금만 더 시간이 흐르면 사랑하는 반려동물이 나보다 먼저 무지개다리를 건너는 비극을 맞이하게 될지 모릅니다. 반려동물의 주인들은 이런 사실을 잘 알고 있고, 나름의 준비를 하고 있습니다.

하지만 어떠한 마음의 준비에도 상실은 가슴 아프게 다가오기 마련입니다. 더구나 예상하지 못한 갑작스런 상실은 마음에 더 큰 상처로 남을 수밖에 없습니다.

펫로스 증후군, 슬픔의 이유

《인간과 개, 고양이의 관계 심리학Pourquoi les gens ont-ils la meme tete que leur chien?》이라는 책의 저자인 프랑스의 심리학자 세르주 치코티Serge Ciccotti는 반려동물을 떠나보낼 때의 아픔을 이 문장으로 표현했습니다.

"반려동물을 떠나보낼 때, 남자들은 가까운 친구를 잃었을 때와 비슷한 강도의 고통을 느끼고 여자들은 자녀를 잃었을 때와 비슷한 고통을 느낀다."

반려동물은 독립적일 수 없는 존재입니다. 기본적인 생활부터 대부분의 일상에서 주인의 도움을 필요로 합니다. 이런 의존성은 부정적인 부분이 아니라 우리로 하여금 애착이 생기도록 하는 과정입니다.

나의 도움을 필요로 하는 존재라는 의미는 유대를 강하게 합니다. 아이를 낳는 과정, 그리고 아이를 양육하는 과정에서 아이와 부모의 유대감이 더욱 강화되는 것과 비슷합니다.

여기에 반려동물은 업무시간 외 거의 모든 시간을 함께합니다. 같은 공간에서 먹고, 같이 자고, 쉬는 시간을 함께 보냅니다. 이런 특성 때문에 반려동물을 떠나보내는 것은 가장 가까운 친구, 심지어 자녀를 떠나보내는 것과 같은 극심한 슬픔에 비견되기도 합니다.

"강아지가 숨 쉬는 것이 불편해 보여서 동물병원에 갔더니 간단한 수술을 해야 한다고 하더라고요. 위험하지 않고, 잘 회복될 거라는 수의사의 말에 고민을 하다 수술을 결정했죠. 그런데 그게 마지막이었어요. 수술이 끝났는데도 마취에서 깨어나지를 않아요. 뇌사 상태라고 하더라고요. 수술 부위의 염증이 심했고, 고령이어서 버티지를 못했다고 하더라고요. 희망이 없다는 말에 어쩔 수 없이 보낼 수밖에 없었죠. 힘들었지만 안락사를 결정했어요. 이후에 일상이 유지가 잘 안 되더라고요. 주말 내내 아내랑 계속 울었어요. 회사에 연차를 내려고 했더니 상사가 이렇게 말하더라고요. '이봐! 그까짓 죽은 강아지 때문에 연차 쓰는 게 아깝지 않아?' 이 말을 듣고 너무 화가 나더라고요. 수의사한테도 너무 화가 나요. 큰 수술도 아니었는데 중간에 받을 수 있는 조치를 제대로 받은 것이 맞는지, 억울하게 죽은 것은 아닌지 계속 생각하게 돼요……."

반려동물을 떠나보낼 때 느끼는 감정은 일반적인 상실과는 조금 다릅니다. 그중 하나가 우울한 감정을 온전히 이해받지 못한다는 것으로, 이것은 반려동물의 상실을 소중한 존재의 상실로 이해하지 않는 관점이 존재한다는 사실을 말해 줍니다.

슬픔을 이해받지 못하고 힘든 감정을 그대로 표현하지 못하는 부분은 마음의 상처를 더 오래가게 만듭니다. '그냥 강아지일 뿐이잖아. 별일 아니니 좋아지겠지. 힘내!'라는 주변의 조언은 위로가 아니라 상처를 더욱 헤집는 말일 수 있습니다.

반려동물은 스스로 표현하지 못하고 전적으로 주인의 결정에 따르는 의존적인 존재입니다. 그래서인지 주인은 스스로에 대한 자책을 심하게 하게 됩니다.

이런저런 결정에서 주인의 판단에 좌우될 수밖에 없습니다. 이 과정에서 주인은 자신의 실책에 대해 계속 생각하게 됩니다. '다른 문제가 있었던 걸 내가 몰랐던 게 아닐까?', '내가 다른 조치를 취했어야 했는데……' 등등 끊임없이 자신을 책망합니다.

의학적인 판단을 하게 되는 경우는 더욱 그렇습니다. '수술을 하는 게 맞았나?', '우리 아이는 어떻게라도 살고 싶었을 수 있는데, 안락사를 선택한 게 맞았나?' 하는 생각을 하면서 자책하게 됩니다.

나 자신에게 향하는 슬픔의 감정이 과도한 죄책감이라면, 슬픔이 다른 사람에게 향할 때는 분노로 표출됩니다. 가해자가 있는 갑작스런 사고의 경우는 더욱 그렇습니다. 사고의 상대방에 대한 분노, 때로는 잘못된 시술을 한 수의사에 대한 강한 분노로 표현되곤 합니다.

자신의 잘못이 아닌 것을 알고 있고, 타인의 실책이지만 예상하지 못한 사고임에도 불구하고 반려동물을 떠나보낸 아쉬움은 죄책감과 분노의 감정으로 오랜 시간 지속되곤 합니다.

펫로스 증후군을 이겨 내는 방법

"며칠 동안은 계속 눈물만 나더라고요. 그냥 울다가 지쳐서 잠드는 일이 반복됐어요. 그런데 남은 강아지가 제 눈치만 보고 있는 걸 보고 생각이 좀 바뀌더라고요. 정신을 좀 차려야겠구나 생각하게 되더라고요. 이제 처음보다는 좀 괜찮아진 것 같긴 해요. 그런데 제가 조금씩 괜찮아져서, 이전처럼 잘 살아가도 괜찮은 걸까 싶기도 해요. 제가 정말 괜찮아져도 될까요?"

임종 연구 분야의 개척자인 정신과 의사 엘리자베스 퀴블러 로스Elisabeth Kübler-Ross는 애도의 다섯 단계에 대해 말합니다. 처음에는 부정하고, 그다음엔 분노, 타협, 우울의 과정을 거쳐 마지막으로 수용의 단계에 이르면서 회복이 된다는 것입니다.

반려동물과의 이별에서도 이런 애도 반응을 경험합니다. 그런데 애도의 단계 중에서 다섯 개의 단계들을 모두 거치는 것이 아니고 같은 정도로 경험하는 것도 아닙니다. 누군가는 어떤 단계가 앞서거나 생략될 수 있고, 어느 단계에서 좀 더 많이 머물기도 하는데, 일반적인 애도의 단계가 진행되고 마무리가 되려면 우울의 단계만은 분명히 경험해야만 하는 과정입니다.

문제를 피하거나부정, 감정적으로 처리하거나분노, 자기합리화타협를 하는 과정은 우울을 느끼기 전에 일종의 준비 과정일 수 있습니다.

하지만 어느 순간에는 이전에 경험했던 기억을 온전히 받아들이고 그에 따르는 감정에 직면하면서 슬픔을 날것 그대로 느껴야만 비로소 수용의 과정을 맞이할 수 있습니다.

하지만 펫로스 증후군에서 경험하는 감정과 생각들을 충분히 표현하지 못하는 경우가 많습니다. 반려동물과의 이별일 뿐이라는 부정적인 시선 때문에 제대로 꺼내 보지도 못하는 것입니다.

이때는 '이봐! 그까짓 죽은 강아지 때문에……' 운운하며 나의 감정과는 달리 생각하는 사람을 애써 이해시킬 필요는 없습니다. 그 사람의 문제도 아니고, 그냥 가치관이 다를 뿐입니다.

슬퍼하는 것만으로도 이미 감정 소모가 많습니다. 굳이 다른 사람을 이해시키려고 하면서, 다른 사람의 시선에 화를 내면서, 때로는 별일 없이 지나간 일인 척 자신을 꾸미면서 더 이상 감정을 소모하지 않았으면 합니다.

반려동물과의 이별 기간에는 충분히 슬퍼할 수 있는 시간이 필요합니다. 또 주변의 눈치를 보지 않고 감정을 표현할 수 있는 공간이 필요합니다. 이별 후 느끼는 감정이 잘못된 것도 아니고, 다만 오롯이 슬픔을 경험하는 시기가 필요합니다.

슬퍼하는 과정에서 반려동물과 함께했던 추억, 반려동물이 아파하고 힘들어했던 시간, 떠나보내야 했던 마지막 순간을 차례차례 떠올립니다.

　이런 시간들은 나에게 감정과 기억이라는 두 가지 측면으로 남아 있습니다. 기억은 쉽사리 사라지지 않습니다. 그것은 꽤 오랜 시간이 지나도 당연히 남아 있을 것입니다.

　하지만 시간의 흐름과 함께 감정은 점차 가라앉게 됩니다. 삶의 모든 경험에서 그때의 동일한 감정을 계속해서 느낀다면 우리는 살아갈 수 없습니다. 경험했던 생생한 슬픔의 감정은 점차 처음만큼 강렬하지 않습니다.

　이것은 잘못이 아닙니다. 반려동물과의 이별에서 슬픔의 감정이 줄어드는 것에 대해 미안해하지 않았으면 좋겠습니다. 감정이 엷어진다는 것과 반려동물과의 기억을 잃는 것과는 다른 문제입니다.

　감정들이 조금은 가라앉고 나면 죽음과 관련한 슬픈 기억들 말고 다른 기억들을 되돌아보는 것도 필요합니다. 이것이 수용의 과정입니다.

　우리가 반려동물을 떠나보내면서 힘들었던 이유가 무엇일까요? 아마 같이 있었던 시간이 소중했기 때문일 것입니다. 다시 오지 못하는 그 시간들에 대한 아쉬움과 함께 고마웠다는 마음도 느꼈으면 좋겠습니다. 반려동물과 즐거웠던 기억들이 소중하기에 상실의 시간이 더 아프게 다가오는 것일 겁니다.

그러니 고마웠던 기억, 즐거웠던 기억에 대해 같이 생각해 보았으면 좋겠습니다. 그리고 즐거운 시간을 만들어 준 반려동물에게 마음으로 고맙다는 이야기를 마음에서 할 수 있으면 좋겠습니다.

다시 행복해도 괜찮다는 생각

애도 과정에서 가장 중요한 부분 중 하나는 다시 행복해져도 괜찮다는 것일 수 있습니다. 시간이 흐르면서 슬픔의 감정은 분명히 가라앉았을 것입니다. 감정을 추스르고 둘러본 주변에는 항상 옆에 있던 존재인 반려동물이 없으니 그런 삶은 분명히 이전과 다를 것입니다.

결코 이전으로 돌아갈 수는 없지만, 바뀐 상황에 조금씩 적응하게 됩니다. 때로는 조금씩 웃기도 하고, 때론 행복하다는 느낌을 받기도 합니다. 그것은 잘못이 아니고, 반려동물을 잊어버리는 것도 아닙니다. 그냥 다시 일상을 살아가게 되는, 누구나 경험하는 회복의 과정입니다.

그리고 이 과정은 같은 공간에서 같은 시간을 보내면서 항상 나에게 위로가 되어 준 반려동물이 당신에게 진정으로 바라는 모습일 수 있습니다.

어떤 상실도 아픔으로 다가오기 마련입니다. 가족처럼 나와 많은 것을 공유한 반려동물을 떠나보내고 펫로스 증후군을 경험하며 정신건강의학과 의사를 찾아오는 사람에게 전하고 싶은 이야기는 이 것입니다.

> "반려동물은 때로는 당신에게 가장 소중한 친구이자 가족이었습니다. 그래서 당신이 경험하는 슬픔은 당연한 감정입니다. 그 감정을 이해하지 못하는 사람에게 상처받지도 말고, 못 해주고 아쉬웠던 일들만을 떠올리면서 스스로를 상처주지 않았으면 합니다. 충분히 슬퍼하고 기억하는 것이 좋습니다. 그 과정에서 슬픔의 감정과 함께 고마웠던 기억, 즐거웠던 기억도 떠올렸으면 합니다. 점차 조금씩 일상으로 돌아가는 경험을 하는 것은 미안한 일이 아닙니다. 그것은 반려동물이 사랑하는 당신에게 바라는 모습입니다."

지나친 혼술, 알코올 중독이 걱정됩니다

저는 제 일에 만족하며 열심히 살아가는 회사원입니다. 직장에서 실력 있고 일 잘하는 사람으로 인정받는다고 자부하고 있어요. 저는 남들하고 어울리는 것도 좋아하고, 아직은 결혼보다 혼자 사는 게 더 편한 평범한 30대입니다.

작년부터 부모님과 독립해서 생활하면서 가끔 혼술을 하게 되었습니다. 코로나 때문에 사람들을 만나는 것도 어렵고, 더구나 결혼한 친구들은 외출을 많이 꺼리더라고요. 그러다 보니 하루를 열심히 보내고 맛있는 안주를 시켜서 혼술을 하는 것이 삶의 큰 위안이 되었습니다.

그런데 이런 일이 점차 많아지다 보니 이제는 알코올에 의존하게 되는 것 같아요. 술을 마시지 않으면 하루 일과가 마무리 되지 않고 허전한 느낌도 들어서 저녁이 되면 어김없이 술잔을 들게 됩니다.

요즘은 빈도도 점점 잦아져서 일주일에 5-6회는 혼술을 하게 되는 것 같습니다. 마시는 술의 양이나 종류도 점점 많아져서 오늘은 무슨 술을 마실까, 안주는 뭐로 할까 등등 술 생각을 자주 하게 되네요.

요즘에는 딱히 재미있는 것도 없고, 코로나 시대라 모임이나 취미 활동 같은 일도 많지 않아서 퇴근 후에는 더욱 혼술을 즐기는 것 같아요.

그러다 문득 제가 알코올 중독이 아닐까 걱정이 되곤 해요. 물론 제가 술 때문에 해야 할 일을 못하거나 온통 술에 빠져서 지내는 것은 아니지만, 점차 혼술에 익숙해져서 때로는 과음을 하기도 하는 제가 이상하게 느껴지네요. 저는 어떻게 해야 할까요?

혼자 술 마시는 습관,
문제없을까요?

❛ 혼술의 시대, 그러나 걱정되는 문제점들 ❜

혼자 활동하는 것에 익숙해진 시대

단어는 시대의 반영이라는 말이 있습니다. 혼밥혼자 밥 먹기, 혼영혼자 영화 보기, 혼코노혼자 코인 노래방 가기, 혼행혼자 여행 가기 같은 말이 흔하게 쓰이는 것은 그만큼 혼자서 하는 활동이 익숙한 시대를 반영합니다.

그래서 예전처럼 "혼자 밥 먹는 게 싫어서 아예 밥을 먹지 않는다"라고 말하면 이제는 옛날 사람이라는 놀림을 받는 시대가 되었습니다. 혼자서 하는 활동들이 이제는 더 이상 어색하거나 부끄러운 일이 아닌 시대입니다.

이런 와중에 혼술혼자 술 마시기 역시 매우 익숙한 풍경이 되었습니다. 예전에는 혼자 술을 마시는 사람을 보면 굉장히 외로워 보이곤 했고, 그래서인지 그런 모습이 흔하지 않았습니다.

그런데 요즘에는 일상에서도 그렇고 드라마나 영화에서도 그렇고 맛있는 안주에 혼자서 술을 마시는 장면들을 아무 거부감 없이 보곤 합니다. 그들은 열심히 일하고 하루를 잘 마무리하는 세련된 사람이라는 느낌을 받고, 그래서 행복하다는 인상을 받기도 합니다.

오죽하면 요즘은 혼술의 시대라는 말까지 생겼을까요? 혼술에 대한 시선이 부정적이지 않고 젊은 세대들을 대표하는 사회 문화로 느껴집니다.

그러다 보니 기업에서 앞다퉈 나서서 혼술족을 위해 가성비 좋으면서 분위기 있는 갖가지 상품들을 마케팅하고 있습니다. 편의점에 가면 1만 원으로 세계의 여러 독특한 맥주를 4캔이나 살 수 있고, 혼술족을 위한 온갖 종류의 간편 안주들이 준비되어 있습니다. 가끔은 기분을 바꿔 와인이나 위스키를 구하는 것도 어렵지 않습니다.

이런 분위기 때문인지 최근 음주 문화에 대한 연구에서는 코로나 이후에 70%가 주로 술을 마시는 장소로 자기 집을 꼽았고, 30% 가량은 주로 혼자서 술을 마신다는 보고가 있어 혼술이 일반화된 문화를 잘 보여 준다고 하겠습니다.

그런데 여기서 문제가 생겼습니다. 요즘은 한 잔씩 마시던 혼술이 조금씩 늘어나서 고민에 빠진 사람들이 많아진 것입니다. 그들은 혼술을 하지 않으면 저녁시간을 보내는 게 너무 허전하다고 하소연합니다. 그러면서도 혼술을 너무 자주하면 알코올 의존에 걸릴 수 있다는 말에 그 얘기가 딱 자신에게 해당되는 것처럼 느껴져서 걱정이 됩니다.

혼술에 점차 의존하게 되는 이유

술을 마시면 기분이 좋아지는 이유는 알코올이 뇌에 작용해서 뇌 기능을 억제시키는 안정제 역할을 하기 때문입니다. 알코올은 주로 뇌의 전두엽에 작용하는데, 전두엽은 몸의 긴장을 유지하고 판단 및 자기 검열을 하는 이성적인 부분을 담당합니다.

그런데 술이 이렇게 냉정한 역할을 하는 전두엽 기능을 저하시키니 긴장이 풀어지고 점차 즐거움을 느끼게 만듭니다. 하루를 보내며 긴장했던 몸을 부드럽게 이완시키면서 편안하게 만들고, 일하는 동안의 고민들이 조금은 가볍게 느껴지게 합니다.

이렇게 약간 풀어진 상태에서는 TV 프로그램을 보거나 스포츠

경기를 보는 것처럼 별것 아닌 일상사들이 무척 즐겁게 느껴집니다. 물론 과하게 마시면 전두엽의 기능이 마비되면서 이성이 사라지고 문제 행동을 일으키는 주사로 이어지지만 적당한 혼술은 생활의 활력소가 될 수 있습니다.

하지만 술을 장기간 많이 마시게 되면 즐거움이나 이완 효과를 매일 똑같이 얻기 위해 먹는 양이 점차 늘어나야 합니다. 처음에는 맥주 한 잔으로도 충분히 즐겁고 긴장이 풀렸는데 몇 달이 지나면 그만큼 마시는 양이 늘어나야 합니다.

이것은 알코올이 작용하는 뇌 부위가 이전만큼 알코올에 민감하게 반응하지 않기 때문에 더 많은 양을 마셔야 이전과 같은 효과를 내는 것입니다.

여기에 술을 마시지 않으면 이유 없이 불편한 감정이 생기고 밤에 잠을 이루기가 어려워지기도 합니다. 몸이 술에 익숙해져 적응된 상태로, 술의 효과가 사라지게 되면 상대적으로 몸이 불편하고 곤두서는 것처럼 느껴지게 되는 것입니다. 처음에는 가끔씩 접하던 음주의 양이 점차 늘어나서 만성적인 음주로 이어지는 이유가 여기에 있습니다.

더구나 요즘 같은 혼술 시대의 술자리는 무척 간편합니다. 사람을 모을 필요도 없고 미리 준비할 것도 없습니다. 그냥 집 근처의 편의점에 가면 모든 것이 구비되어 있고 곁들이는 음식이 필요하면 그냥 배달을 시키면 됩니다.

이렇게 접근성이 좋은 환경은 혼술을 너무나 가볍게 만듭니다. 이전에는 술을 마시는 것이 일주일에 한두 번 기다리던 행사였다면 이제는 너무나 가벼운 일상이 된 것입니다.

일반적인 술자리는 주변의 눈치를 보고 자기 관리도 해야 하지만 혼술하는 상황은 조금도 긴장되는 것 없이 마냥 편안하기만 합니다. 주위 사람에게 술을 따라 주거나 잔을 부딪칠 필요도 없이 그냥 내가 마시고 싶은 술을 원하는 양만큼 마실 수 있으니 너무 편리합니다.

문제는, 술 좀 그만 마시라고 닦달을 하거나 너무 자주 마시는 게 아니냐며 잔소리를 할 사람이 없고 눈치를 볼 필요도 없기에 한두 잔 마시다가 한계를 넘는 일이 생긴다는 것입니다.

혹시 알코올 의존이 아닐지 걱정이 되네요

많은 사람들의 혼술을 피할 수 없는 심리에 대해서는 '고전적 조건화classical conditioning' 이론을 대입해서 설명합니다. '파블로프pavlov

의 개'라는 말을 들어 본 적이 있을 것입니다. 매 식사시간마다 종을 치면서 밥을 주면 나중에는 종만 쳐도 강아지가 밥을 주는 것으로 알고 침을 흘리게 됩니다. 아무 관련이 없는 종소리라는 자극과 침을 흘리는 반응이 연결되는 것입니다.

저녁시간이 되면 술 생각이 나는 것도 이와 유사합니다. 낮에는 열심히 일하지만 퇴근하고 혼자 있는 시간에만 반복해서 음주를 하고 만족감을 경험하는 것이 익숙해지면 새로운 습관조건화이 만들어집니다.

그러면 평소에는 누구보다 잘 지내면서도 퇴근 시간이 되면 익숙한 습관처럼 술을 마시고 싶어지게 되고, 마시지 않으면 심리적 불편감을 경험합니다.

이런 경향을 보이기 시작하는 사람에게 정신의학에선 '문제적 음주자problematic alcoholics'라고 말합니다. 물론 이런 상태가 알코올 의존처럼 심한 문제를 의미하는 것은 아니지만, 이런 상태가 오래 지속된다면 완전한 알코올 중독이 되어 버리고 일상적인 활동에 문제가 될 수 있습니다. 이렇게 '문제적 음주자'는 술에 의존하게 되는 이전 단계라고 할 수가 있습니다.

내가 문제적 음주자인지 아닌지 가늠하는 가장 중요한 포인트는,

스스로가 문제가 있는지를 고민한다면 그것이 바로 문제가 있다는 사실을 가리킨다는 것입니다. 스스로가 가장 먼저, 그리고 가장 잘 알고 있기 때문입니다.

예를 들어 요즘 들어서 혼술하는 양이나 빈도가 너무 늘어났다거나 스스로 조절력을 점차 잃는 것 같은 느낌을 받을 때, 그리고 때로는 다음날 음주로 인한 피로감을 느끼면서 자책하게 된다면 지금 잘못된 습관이 형성되어 있고 변화가 필요하다는 것을 말하는 중요한 신호일 수 있습니다.

혼자 술 마시는 습관을 고치려면

음주 습관을 고치려고 할 때 제일 먼저 필요한 것은 내가 음주와 관련해서 문제가 있다는 사실을 솔직하게 인정하는 것인데, 사실 이것은 무척 거부감이 느껴지는 일입니다.

내가 문제가 있는 것 같기도 하면서 업무적인 부분이나 다른 생활은 잘 유지가 됩니다. 또 며칠 술을 안 먹겠다고 마음을 먹으면 며칠은 어렵지 않게 절제할 수도 있습니다. 충분히 자제할 수 있는 문제인 것 같은데, 정신적인 문제가 있다는 것처럼 인정하라니 자연히 거부감이 생깁니다.

그런데 여기서 '문제를 인정한다는 것'을 너무 무겁게 접근하지 않았으면 합니다. 내가 음주와 관련해서 문제가 있다는 것이 심각한 이상이 있음을 말하는 것은 아니기 때문입니다.

요즘 코로나를 비롯해서 다른 사회문화적인 부분들 때문인지 혼술하는 습관에 익숙해지고 양이 늘었을 뿐일지 모릅니다. 그러니 '지금까지는 괜찮지만 앞으로 음주 문제가 지속되면 문제가 될 수 있으니 변화가 필요하다' 정도로 가볍게, 그러나 분명하게 마음을 정하는 게 좋습니다.

혼술을 줄이는 습관 중에서 가장 중요한 하나는 음주를 부정적인 감정과 연결하지 않는 것입니다. 술을 가까이하는 이유의 하나가 즐거워서 마시는 것도 있지만 불쾌한 일이 있을 때 마시는 경우도 흔합니다.

그런데 혼술에서 반드시 피해야 할 일은 불쾌한 감정일 때 술을 마시는 것입니다. 이럴 때는 음주가 잘 조절되지 않기 때문입니다. 기분이 안 좋은 만큼 술을 더 마시게 되고, 술을 마시는 순간에는 기분이 좋아지니 더욱 술을 찾는 악순환에 빠지는 것입니다.

문제는, 술을 마시는 순간에는 기분도 좋아지고 스트레스가 해소되는 것 같지만 대부분의 스트레스는 그대로 남아 있다는 것입니다. 오히려 다음날 피로감만 더하고 자신을 부정적으로 보면서 더 큰 스트레스로 떠밀려 오곤 합니다.

어떤 일로 스트레스를 받고 불쾌한 감정 때문에 술을 마시려고 한다면 나에게 힘이 되고 조언해 줄 수 있는 사람과 만나야 합니다. 그래야 부정적인 감정이 제대로 해소되고 무리한 음주를 자제할 수 있습니다.

퇴근 후 술을 마시는 일 말고 달리 해야 할 일을 정하는 것도 중요합니다. 음주를 자주 하는 사람이 가장 많이 하는 말 중의 하나가 "그 시간에 달리 할 일이 없어요!"인데, 생각해 보면 이 말은 너무 당연한 표현입니다.

요즘 몇 달 동안 그 시간에 거의 음주 습관에 빠졌으니 그때 다른 일을 할 수 없었던 것은 당연한 일일지 모릅니다. 퇴근 후의 한가한 시간이 되면 편하게 술을 마시는 것이 고정 스케줄이자 취미였기 때문입니다.

새로운 습관을 만드는 것은 맞지 않는 옷을 입은 것처럼 언제나 어색합니다. 그러니 할 일을 정할 때는 너무 도움이 되는 일만 한다거나 하기 어려운 취미에 도전해 보라고 요구하지 말았으면 합니다. 뭔가 거창한 것을 하려고 하다가 그냥 포기해 버리곤 하는 게 우리들의 마음입니다.

재미를 느낄 수 있는 일은 어떤 일이든지 좋습니다. 그냥 가볍게 산책을 하거나 게임, 헬스, 드라마 시청도 좋습니다. 예전에 즐겁게 활동했던 어떤 취미에 다시 도전해도 도움이 됩니다.

혼술의 시대, 지켜야하는 몇 가지 원칙

혼술하는 습관이 무조건 문제가 되는 것은 아닙니다. 적절한 혼술은 긍정적인 부분도 있습니다. 만약 금주가 목표가 아니라 절주를 원한다면 음주에 관해 몇 가지 현실적인 원칙은 정해 두는 것이 필요합니다.

이때는 혼술을 하는 횟수나 양을 미리 정해야 합니다. 혼술은 접근성이 좋고 누구의 간섭을 받지 않기에 조절이 되지 않는 경향을 보이는데, 그렇기에 가급적 다른 사람들과 같이 마시는 자리 위주로 음주하는 게 좋습니다. 그래도 가끔 혼술을 하고 싶다면 일주일에 마시는 횟수와 양, 마시는 술의 종류 등을 정해야 합니다.

혼술은 많아도 주 2-3회 이하로 정해야 합니다. 혼술은 취하기 위해서가 아니라 즐기기 위해 마시는 것이니 주종은 가능하면 도수가 높은 위스키 같은 증류주는 피해야 합니다. 소량만 마셔도 자제력을 잃을 가능성이 높기 때문입니다.

자제력을 잃으면 술이 술을 부르게 되니 아무리 많아도 맥주 2캔 정도로 정하는 게 좋습니다. 개인의 주량에 따라 다르겠지만 취기가 느껴지기 전의 상태로 정하고 그 이상은 무조건 피하는 게 좋습니다.

요즘 코로나 시대로 인해서인지 음주문화 역시 변했습니다. 혼술이 습관이 되고 문제가 있다고 생각하는 사람들에게 정신건강의학과 의사가 전하고 싶은 이야기는 이것입니다.

> "요즘은 혼술의 시대입니다. 혼술의 장점도 있지만, 많은 사람들은 너무 심한 혼술로 불편을 호소하기도 합니다. 스스로가 문제가 있는지 고민을 한다면 그것은 변화가 필요하다는 것을 의미하는 신호입니다. 일상적인 일을 아주 잘하는 사람이라도 혼술을 하는 부분에서는 문제일 수 있습니다. 이 과정에서 부정적인 감정을 음주와 연결시키는 것은 매우 나쁜 습관입니다. 다른 습관이나 취미를 가져야만 합니다. 혼술을 할 때는 일반 술자리에서보다 더 엄격하게 양과 횟수 등을 미리 정하는 음주 습관을 들이는 게 좋습니다."

숨이 막힐 듯 갑갑해요

별것 아닌 일에도

저는 민원인을 상담하는 공무원입니다. 제가 근무하는 곳은 업무가 힘들기로 유명한데, 이유는 몇 명의 유명한 악성 민원인들이 있기 때문입니다.

그중에 한 분이 저한테 유난히 막말을 하며 고소를 하겠다고 악을 쓰곤 합니다. 처음에는 그냥 넘겨 왔는데 이런 일이 몇 번 반복되니 아주 죽을 지경입니다. 활기차던 제가 너무 지쳐서 안 돼 보였는지 주변 분들이 크게 걱정할 정도입니다.

요즘 직장에만 가면 마음이 안정되지 않아요. 무슨 일이 생긴 것도 아닌데, 뭐가 그렇게 불편한지 마음이 불편하고 항상 뭔가에 쫓기는 느낌이에요. 전혀 그렇지 않은데 마치 절벽 끝에 서 있는 것 같은 기분이 들기도 합니다.

힘든 하루를 보내고 퇴근을 해도 마찬가지입니다. 예민한 마음이 줄어들지가 않아요. 일과시간에 있었던 일들이 자꾸 생각이 나고, 작은 걱정거리 하나가 생각나면 그게 꼬리를 물고 계속 이어지네요.

그렇게까지 고민할 필요가 없다는 사실을 머리로는 알고 있는데, 저도 모르게 가장 좋지 못한 상황을 떠올리면서 저 자신을 괴롭히곤 합니다. 이런 생각을 하다 보면 밤잠을 설치는 일도 많습니다.

어제는 지하철을 타는데 갑자기 가슴이 너무 두근거려서 깜짝 놀랐어요. 숨이 턱턱 막히고 갑갑함을 느껴서 몸에 문제가 생겼나 싶어 놀란 마음에 병원에 갔는데 의사는 큰 문제가 없다고 말하면서 신경을 많이 쓰지 마라, 스트레스를 받지 마라 등등 사무적인 말만 하는데 그런 말이 더 상처가 되더라고요. 잘 지내 오던 제가 왜 이러는 걸까요? 제가 좋아질 수 있을까요?

왜 이렇게
불안한지 모르겠어요

❝ 현대를 살아가는 우리가 쉽게 불안해지는 이유 ❞

불안하다는 말의 의미

불안이라는 말은 현대 사회에서 일상적으로 가장 많이 사용되는 정신의학적인 용어입니다. 가끔 주변에서 '나는 우울한 적이 없었어'라고 말하는 사람을 보기도 하지만, 불안한 적이 없었다고 말하는 사람은 있을 수가 없습니다.

불안은 사람이라면 누구나 경험할 수밖에 없는 보편적인 감정이기 때문입니다. 불안의 사전적인 정의는 '마음이 편하지 않고 조마조마한 정서'입니다. 그런데 이런 풀이가 곧바로 와 닿지는 않습니다. 더구나 불안하다는 감정이 어떤 것인지 생각해 보면 막상 표현하기가 어렵다는 문제가 있습니다.

군이 불안이 어떤 것인지 생각해 보는 이유는, 우리가 흔하게 불안하다고 말하지만 불안한 것이 어떤 것인지 잘 몰라서 더 불안해지기 때문입니다. 말장난 같은 표현이 아니라 불안함을 느낄 때 '내가 불안해서 이렇구나'라는 것을 알기만 해도 실제로 많은 위안이 됩니다.

불안을 제대로 알기 위해 하나의 불안한 상황을 생각해 보겠습니다. 인턴으로 일하는 직장에서 정규직 전환을 위해 중요한 업무 발표를 하는 상황이라면 누구나 불안을 느낀다고 말할 것입니다.

이때는 마음이 편하지 않고 뭔가 잘못된 일이 벌어질 것 같은 긴장감이 느껴집니다. 침착함을 잃고 갈팡질팡하면서 어찌할 바를 모르게 됩니다. 이런 상황을 '감정적인 불안'이라고 합니다.

동시에, 머릿속에서 생각이 많아집니다. 발표를 망치는 최악의 결과를 떠올리기도 하고, 발표 자료를 다른 방향으로 수정했어야 한다는 아쉬운 생각이 들기도 합니다.

사람들이 나만 바라보며 비웃는 것 같고, 그밖에도 이런저런 불길함이 꼬리에 꼬리를 물고 이어집니다. 이것을 '생각하는 불안'이라고 합니다.

말을 하려는 데 입이 바짝바짝 타들어 가면서 이마에는 땀이 맺힙니다. 가슴은 두근거리고 숨이 탁탁 막히는 것 같습니다. 마이크를 잡은 손도 덜덜 떨립니다. 이것은 '신체적인 불안'입니다.

불안은 단순히 어떤 감정만을 의미하지는 않고 감정, 생각, 그리고 신체적인 반응들을 같이 느끼게 됩니다.

감정은 필연적으로 생각하게 만듭니다. 어떤 감정을 느낄 때 마치 색안경을 낀 듯이 그와 관련된 생각만 이어지게 만듭니다. 불안하다고 느낄 때는 불안한 생각만 떠오르고, 우울할 때는 우울한 생각들이 이어지는 것처럼 말입니다. 이렇게 불안한 생각과 감정은 몸을 긴장시키고 흥분하게 만들며 두근거리거나 답답한 느낌의 신체 증상이 나타나게 합니다.

불안을 구성하는 이런 요소들이 합쳐져서 더 큰 불안을 일으킵니다. 예를 들어 발표하는 상황에서 손이 떨리고 말을 더듬게 되는 신체적인 증상이 나타나면 당황을 하고 스스로 더 불안한 감정에 빠지게 만듭니다. 사람들이 나를 쳐다보고 있다는 생각 때문에 심장은 더욱 두근거리게 됩니다.

이처럼 한 번 불안에 빠지면 헤어 나오지 못하게 되고, 가끔은 머리가 하얘지면서 극심한 불안 상태인 공황에 빠지기도 합니다.

우리는 왜 불안해질까?

불안한 감정은 태초부터 정상적인 사람이라면 누구나 느껴 왔던 기본적인 반응입니다. 문제는 우울이나 행복 같은 감정은 성장하면서 학습되지만 불안은 다르다는 사실입니다. 사람은 태어나면서부터 불안과 함께 태어난다는 뜻입니다.

신생아 때 익숙했던 엄마의 양수에서 빠져나와 세상과 마주하는 순간부터 새로 맞이하는 세계에 대해 두려움을 느끼면서 울음을 터뜨리게 되는 것이 불안의 시작입니다.

불안은 인류의 역사와 함께하는 본능입니다. 아주 오래 전에 인류가 수렵생활을 할 때를 생각해 봅시다. 인간에게 무서운 동물이 다가오면 위험에 처했음을 느끼고 잔뜩 긴장하고 안절부절 못하게 됩니다. 그리고 뒤따르는 무서운 생각들로 인해 가슴이 두근거리면서 등줄기에 식은땀이 흐릅니다.

이때 느끼는 불안한 감정은 이유 없이 발생하는 게 아니라 생존할 수 있도록 만드는 몸의 작용이기도 합니다. 이 위기 상황에서 적절하게 대처할 수 있도록 고안된 것입니다.

긴장하고 흥분함으로써 상대의 반응을 자세히 살필 수 있게 하고, 당장이라도 위험이 되는 상대에게 공격을 가하거나 죽을힘을 다해 도망칠 수 있는 상태가 되도록 몸을 예열해 놓는 것입니다.

이를 뇌과학적으로 설명하면 감정을 담당하는 편도체에서 불안을 느낍니다. 이 편도체에서 느끼는 감정은 대뇌의 전두엽에 '지금 큰일 났으니 대책을 강구해!'라는 신호를 보냅니다. 전두엽은 생각하고 판단하는 뇌의 부위로, 위기 상황에 맞게 대책을 세우면서 여러 가지 생각이 이어지게 만듭니다.

이어서 대뇌는 몸의 여러 신경계에 명령을 합니다. 지금 위기 상황이니 긴장하고 당장이라도 움직일 수 있도록 하라고 준비 신호를 보내는 것입니다.

우리 몸의 자율신경계 중에서 교감신경이 이 역할을 담당합니다. 심장을 강하게 뛰게 하고 근육을 긴장된 상태로 만들어 두는 것입니다. 이때 불안은 위기 상황에 맞게 몸과 마음을 준비시키는 과정이라고 할 수 있습니다.

만약 우리가 불안을 느끼지 못한다면

만약 우리가 불안을 느끼지 않는다면 어떻게 될까요? 이런 물음에 답하기 위해 원숭이를 대상으로 실험한 연구를 소개하겠습니다.

먼저 원숭이의 뇌에서 불안 감정을 느끼는 편도체를 제거해 버립니다. 정상적인 원숭이는 우리에 뱀을 풀어 놓으면 일단 경계를 하며 재빨리 몸을 숨깁니다. 그런데 편도체를 제거한 원숭이는 뱀을 전혀 무서워하지 않고 장난감 다루듯이 가지고 놀려는 행동을 합니다. 낯선 상황에 전혀 긴장하지 않는 것입니다.

결국 편도체를 제거한 원숭이는 뱀을 건드리다가 물리게 됩니다. 자연에서라면 불안을 느끼지 못하는 원숭이는 생존하지 못했을 것입니다.

불안하다는 것 자체는 결코 부정적인 일이 아니라 그냥 인간이 갖는 기본적인 반응입니다. 적절한 긴장과 불안은 우리 삶에 필요하고, 오히려 위기 상황에 적절하게 대처하도록 만드는 역할을 합니다.

하지만 그 불안의 정도와 강도가 너무 강할 때면 문제일 수 있고, 때로는 정상적인 삶을 방해하는 부정적인 감정으로 작용하는 것이 문제입니다.

현대인이 더 쉽게 불안에 떠는 이유

현대를 살아가는 우리는 예전의 사람들보다 더 쉽게 불안을 느끼는 것 같습니다. 공황이나 트라우마 같은 용어들이 정신의학적인 분야 말고도 일상적으로 흔하게 사용되는 것은 우리가 쉽게 불안을 느낀다는 사실을 반증합니다. 현대를 살아가는 우리는 왜 이렇게 불안

할까요?

　오래 전 사람들이 느끼는 불안들은 좀 더 직관적이었습니다. 명확한 대상이 분명히 있고, 그에 따른 불안한 반응을 보였습니다. 과거에는 나를 위협하는 직접적인 대상에 불안을 느낀 것입니다. 위협하는 무서운 동물, 이웃 나라와의 전쟁, 직접적인 피해를 주는 대상에 대한 불안과 걱정이 대부분이었습니다.

　여기다 굶주림이나 질병처럼 생존을 위협하는 인과 관계가 있는 불안도 있었습니다. 그런데 요즘 불안을 느끼는 대상은 이전과는 완전히 다릅니다.

　현대인이 느끼는 불안은 대상이 명확하지 않다는 게 문제인데, 구체적인 어떤 대상들 때문에 불안한 것이 아니라 생각과 상황들이 나를 괴롭히는 것입니다.

　예를 들어 중요한 발표를 앞두고 불안을 경험하는데, 긴장을 하는 것이야 당연하겠지만 그렇다고 발표하는 상황이 직접적으로 나에게 위협을 주는 것은 아닙니다.

　특정한 상황에서의 긴장은 그나마 원인이 있습니다. 우리를 더 불안하게 만드는 것들은 실체가 없는 것들이 많습니다. 부정적인 결과에 대한 걱정, 잘할 수 있을지 자신감이 없는 경우, 더 괜찮은 직장에 다녀야 한다는 갈증 등 이렇게 실체가 없는 막연한 생각과 걱정들은 우리를 더욱 불안에 빠뜨립니다.

직접적인 공포보다 더 무서운 것들

불안의 원인들이 직접적이지 않고 모호하다 보니 인과 관계 역시 뚜렷하지가 않습니다. 결과를 보면서 원인을 분석해 보는 것이 사람의 본능인데, 왜 불안한지 그 대상이 뚜렷하지 않은 불안의 경우가 우리를 더욱 불안하게 만들곤 합니다.

영화 〈곡성〉을 보면, 귀신이 많이 나오는 것도 아니고 아주 무서운 살인자가 나오는 것도 아닌데 이 영화가 무섭게 다가오는 이유는 영화 전반에 흐르는 분위기 때문입니다. 영화를 압도하는 음산한 분위기가 직접적으로 무서운 대상이 나오는 것보다 훨씬 더 공포를 불러일으켰기에 이전의 다른 공포영화들보다 무섭게 느껴졌던 것입니다.

현대를 살아가는 우리의 불안도 이와 비슷합니다. 어느 연구에서 직접 전쟁을 경험한 사람들과 전쟁에 간접적으로만 참여한 사람들을 대상으로 트라우마 정도에 대한 연구를 진행했습니다.

전쟁의 한복판에서 직접 전쟁을 경험한 사람들처럼, 가장 불안해야 할 사람들이 의외로 트라우마 정도가 가장 심하지 않았다는 연구 결과가 있습니다. 반면에 전쟁을 보조하던 역할의 군인들이나 간접 체험한 사람들이 트라우마를 호소하는 경우가 더 많았습니다.

이 연구에서 말하는 것은 직접적인 대상이 있는 공포보다 간접적인 공포, 그리고 그것에 내재된 두려운 분위기가 더 큰 트라우마와 불안을 일으킨다는 사실입니다.

불안을 일으키는 대상이 모호할 때 우리는 더 불안하게 됩니다. 그래서 그런지 공황장애나 트라우마 같은 질환들이 현대에 많이 나타나는 것 같습니다. 불안을 흔하게 느끼는 우리가 나약하거나 취약한 것이 아니라 불안을 더 쉽게 느끼게 만드는 세상이 문제라는 것입니다.

불안과 불안증에 대하여

불안은 정상적인 반응이라고 했는데, 그런 불안이 좀 과하게 나타날 때가 있습니다. 일반적인 불안과 구분해서 병적인 불안을 우리는 '불안증anxiety neurosis'이라고 부릅니다.

불안증은 크게 두 가지 경우입니다. 하나는 불안하지 않아야 하는 상황에서 불안한 경우를 말하고, 다른 하나는 불안할 만한 상황인데 너무 심하게 불안한 경우를 뜻합니다.

예를 들어 롤러코스터를 탈 때 불안을 느낀다면 불안감이 심해도 전혀 이상하지 않습니다. 그런데 버스나 지하철을 타는 것처럼 일상적인 활동에서 갑자기 두근거리고 답답한 불안을 느낀다면 그것은 불안증일 수 있습니다.

불안의 강도 역시 중요합니다. 많은 사람 앞에서 발표를 하는 상황처럼 긴장될 때 어느 정도의 불안은 당연한 일입니다. 하지만 그 상황에서 머리가 하얘지면서 할 말을 제대로 이어가지 못할 정도로 불안하다면 그것 역시 불안증일 수 있습니다.

뇌과학적으로는 불안증 환자의 뇌영상검사_{fMRI; functional MRI, 혈류량, 혈액량, 사용된 산소량을 측정하여 뇌의 형성 영역 이미지를 캡처할 수 있도록 만든 장치}에서 편도체의 대사가 몹시 증가해 있었다는 연구가 있습니다. 이것은 편도체가 과하게 기능하면서 같은 자극이라도 더 공포스럽게 인식한다는 것을 의미합니다.

다시 말해 불안증 환자는 불안에 대한 역치가 낮아져 있어, 사소한 자극도 쉽게 위협적으로 인식하여 이에 따른 불안 반응이 나타나게 되는 것입니다.

불안증 환자들이 이렇게 자극에 예민한 이유는 아주 식상한 말일 수 있지만 몸의 컨디션이 너무 좋지 않기 때문입니다.

불안증 환자에게서 코르티솔cortisol 이라는 호르몬의 체내 농도를 측정하면 이 농도가 높게 측정되는데, 코르티솔은 교감신경계의 활성 정도를 조절하는 호르몬으로 스트레스 상황에서 증가하는 호르몬입니다. 불안증 환자는 코르티솔의 기저치가 이미 상당히 올라가 있는 것입니다. 이런 상황은 이미 스트레스 정도가 한계치에 근접한 것으로, 조금만 더 스트레스를 받아도 크게 반응하게 되는 것을 의미합니다.

건강한 사람에게 몸에 피곤할 때 분비되는 젖산lactic acid 이라는 물질을 투여한 실험이 있습니다. 그 결과, 이전에는 불안으로 인한 문제가 없던 사람이라도 인위적으로 몸을 피곤한 상태로 만들자 쉽게 공황 증상이 유발되곤 했습니다.

이러한 결과는 인위적으로 수면을 취하지 못하게 하는 경우나 음주 후처럼 몸이 좋지 않을 때는 불안증이 쉽게 유발된다는 것을 이야기 합니다.

이런 실험들이 뜻하는 것은 컨디션이 좋을 때는 그냥 불안한 정도로 지나칠 수도 있지만, 스트레스를 많이 받고 몸과 마음이 지쳐 있는 상태에서는 작은 자극에도 예민하게 반응하게 된다는 사실입니다. 작은 어려움도 보다 더 어렵게 생각되고 위협적으로 느껴져서 쉽게 불안증이 나타나는 것입니다.

불안증은 몸에서 보내는 구조 신호

불안증이 발생했을 때 우리는 여러 가지 생각을 합니다. '왜 이런 증상이 발생했을까?', '어떻게 해야 좋아질 수 있을까', '내가 너무 나약해서 이런 증상을 겪는 것일까?' 하는 생각들을 합니다.

　나는 이런 생각들보다는 다른 방식으로 생각해 보았으면 합니다. 우리 몸은 가능하면 좋은 상태를 유지하고 싶어 합니다. 이 경향에 대해서는 우리 몸이 '항상성'을 유지한다고 합니다. 예를 들어 손가락이 칼로 베었을 때 상처가 잘 아물기 위해 우리 몸은 노력을 합니다.

　그 노력 중의 하나가 통증입니다. 베인 곳이 아리고 쓰린 이유는 그곳을 잘 살펴 주고 사용을 줄이고 제대로 치료를 해주라고 몸이 보내는 신호입니다.

　작은 자극도 크게 느끼는 예민한 상태, 즉 불안증을 경험하는 상황에 대해 내가 좀 지쳐 있다고 생각했으면 합니다. 나아가 자그마

한 자극에도 쉽게 힘들어질 정도로 힘든 상태라고 이해했으면 합니다. 불안 증상은 몸이 보내는 신호이기 때문입니다.

예전에 자동차를 조금만 건드려도 시끄러운 경보 소리가 울리게 하는 장치가 있었습니다. 수십 초간 시끄럽게 울렸는데, 이 신호가 아주 듣기 싫기는 했지만 도난이나 파손되는 상황에서 보호하기 위한 것이었습니다. 불안 증상 역시 몸에서 보내는 경보 소리라고 이해하면 좋겠습니다.

그것은 몸이 많이 힘들고 버티기 어려워서 지금의 삶에 변화를 줘야 한다는 구조 신호입니다. 몸에서 휴식이 필요하다고, 잠시 일에서 멀어져야 한다고, 무료한 삶에 변화를 줘야 한다고, 잠자는 시간을 좀 늘리라고, 건강한 음식을 먹어야 한다고 요구하는 시그널입니다.

어떤 종류의 불안이든지 마찬가지입니다. 내가 이전에는 그렇게 불안해하지 않았는데 요즘 쉽게 불안을 경험한다는 것은 마음에서 비상사태임을 경고하는 구조 신호가 울리고 있는 것입니다. 불안감을 호소하는 사람에게 정신건강의학과 의사가 전하고 싶은 이야기는 이것입니다.

"불안은 사람이라면 누구나 경험하는 반응입니다. 요즘 우리는 불안이 극심한 시대를 살고 있고, 가끔씩은 불안증을 경험하기도 합니다. 그러나 불안증을 너무 무서워한다거나 이상하게 생각하지 않았으면 합니다. 불안증은 몸에서 보내는 구조 신호로 스스로가 많이 지쳐 있다는 것, 휴식을 취해야 한다는 것, 삶에 변화를 줘야 한다는 것을 강하게 알려 주는 신호입니다."

3장

싫다고 말하지 못하는＿＿너에게

함부로 대해서 고민이에요

상사가 나를 너무

10년 가까이 알고 지낸 상사가 있습니다. 같은 부서는 아니지만 비슷한 연배인데다 오랫동안 알고 지내다 보니 점심식사를 같이 할 때도 있고, 가끔 모임을 가지면 사석에서는 형이라고 부를 만큼 친하게 되었습니다. 그래서 저는 그를 괜찮은 사람이라고 생각했고, 가능한 한 여러 가지 편의를 봐주기도 했었죠.

그런데 최근에 같은 부서에서 같은 업무를 하게 되면서 문제가 생겼습니다. 그가 저를 너무 함부로 대하는 것 같았습니다. 자기가 필요할 때는 언제든 연락해서 이것저것 업무를 지시합니다. 그런데 얼마 전에는 주말에 연락해서는 사소한 일로 크게 나무라서 가족들 보기가 부끄러울 정도였습니다.

저도 회사에서 어느 정도 직급이 있는데 자기 뜻대로 안 되는 일에는 불쑥 막말을 내뱉는 것이 다반사입니다. 그러다가 다음에 자기가 뭔가 부탁을 할 때는 웃으면서 다정하게 대합니다. 상황에 따라서 저를 대하는 게 완전히 다르니 저 스스로가 예민한 건가 생각해 보기도 했습니다. 그런데 다시 생각해도 제 문제가 아닌 것 같았습니다.

얼마 전에 제가 업무적으로 도움을 청할 일이 있었습니다. 그런데 너무 단칼에 거절하며 무안을 주고 오히려 타박을 해서 저를 곤란하게 만들었습니다.

다시 생각해 보니 저는 오래 알고 지낸 사이라 친하다고 여겼는데 이 사람은 자기가 필요할 때만 저를 이용한 것 같습니다. 이런 상사를 어떻게 대해야 할까요?

11

지구는 나를 중심으로
돌아가야 한다

〈 주변의 나르시시스트와 살아가는 방법 〉

지나친 나르시시즘은 일종의 병이다

우리는 살면서 종종 지구가 자신을 중심으로 돌아야 한다는 듯이 몹시 이기적으로 행동하는 사람들과 마주하게 됩니다. 증상이 가벼운 경우에는 눈치가 없고 주위 사람들에 대한 배려가 부족하거나 다른 사람에 대한 예의나 공감 능력이 부족한 정도로 나타나지만 심한 경우에는 다른 사람을 착취하고 자신의 목적을 위해 주위 사람을 마음대로 이용하기도 합니다.

그들은 다른 사람을 하나의 인격체로 대하기보다 자신을 위한 수단으로 생각합니다. 정신의학에서는 이들을 '자기애성 성격 경향narcissistic personality trait '이 높은 사람이라고 부릅니다.

이 말은 고대 그리스신화에 등장하는 미소년 나르키소스Narcissos 에서 유래되었습니다. 자기의 잘생긴 얼굴에 취해 물에 빠져 죽었 다는 신화가 말해 주듯이 이들은 자기애가 대단히 강합니다.

그러나 어느 정도 이기적인 경향이 있다고 해서 자기애성 성격이 라고 부르지는 않습니다. 사실 이런 정도의 성향은 모든 사람들에 게 있기 때문입니다. 하지만 이런 경향이 극단적으로 심할 때는 성 격장애로 분류됩니다.

대부분의 사람들은 나의 권리와 타인의 권리를 구분할 줄 알고, 나의 입장이 중요한 만큼 타인도 나름의 입장이 있다는 사실을 이 해합니다. 그런가 하면 다른 사람도 자기의 권리를 나처럼 소중히 여길 거라고 생각하고, 그렇기에 남의 권리를 존중해 줘야 한다고 생각합니다.

우리는 이런 것들을 성장 과정에서 배우게 되고, 굳이 의식하지 않아도 자연스럽게 내재화하게 됩니다. 서로에 대해 배려하고 예의 를 지키는 것이 하나의 약속처럼 굳어지는 것입니다.

하지만 모든 사람들이 이런 약속을 내재화하는 것은 아닙니다.

어떤 사람들은 나의 권리와 타인의 권리는 다른 가치라고 믿으면서 타인의 입장에 대해 전혀 고려하지 않습니다. 타인의 권리는 자신의 권리보다 중요하지 않다고 보는 것입니다.

그들은 자신이 이득을 얻는 것이 중요하기 때문에 남의 가치를 빼앗을 수 있다고 생각하고, 이득을 보는 게 아니라면 굳이 배려하거나 예의를 차릴 필요가 없다고 생각합니다.

우리 주변의 소시오패스들

이런 성격을 가진 사람들이 항상 문제를 일으키는 것은 아닙니다. 스스로가 손해를 보지 않는 일이라면 괜찮을 때가 많습니다. 어느 정도 남의 권리를 존중해 줘야만 자신에게 이득이 되는 것임을 알고 있기 때문입니다.

그래서 그런 성향의 사람들도 평소에는 주위 사람들과 원만한 관계를 유지하곤 합니다. 이것이 때로는 지나치게 사교적이거나 주변을 의식하는 모습일 수도 있습니다.

하지만 어떤 순간 자신의 이익에 따라 다른 사람을 교묘하게 이용하거나 결정적인 순간에 주변에 피해를 주는 결정을 거리낌 없이 하게 됩니다. 이런 경향이 극심한 경우, 우리는 그를 '소시오패스sociopath'라고 부릅니다.

소시오패스는 라틴어 'socio사회'와 그리스어 'pathos질병'의 합성어로, 반사회성 인격 장애로도 불립니다. 이런 성향의 사람들은 사회화를 배우는 과정에서 규범을 습득하지 못했고, 결국 사회에 적응하지 못해서 자주 말썽을 일으키게 됩니다.

문제는 이런 경향이 두드러지게 나타나는 경우도 있지만, 숨겨져 있는 경우도 많다는 사실입니다. 네덜란드 암스테르담대학의 심리학자 바르보라 네비카Barbora Nevicka 교수는 이렇게 말합니다.

"대기업의 간부나 유명 정치인, 대학교수 등 사회적으로 성공한 직업이면서 주위 사람들과의 이해관계를 활용해야 하는 직업군에서 나르시시스트의 비중이 높다."

나도 모르게 이용당하고 있기도

얼마 전에 만난 30대 중반의 남자는 직장 상사와의 갈등으로 인해 마음고생이 심하다고 호소했습니다. 말하는 내내 거의 울상이 되어 자신의 처지를 호소하는 그를 보며, 많은 직장인들이 그와 비슷한 처지에서 일하고 있지 않을까 하는 생각을 했습니다. 그의 말은 이러했습니다.

"그 사람을 대하면서 피해의식이 생기는 것 같아요. 이전에는 문제없이 무던한 편이라고 생각했는데, 직장에만 오면 그 사람 눈치를 보게 됩니다. 얼굴만 마주쳐도 가슴이 두근거리고, 그 사람이 뭐라고 할 것 같아서 걱정이 됩니다. 처음에 혼날 때는 화가 났는데, 지금은 내가 정말 형편없이 부족한 사람인 것처럼 느껴져요. 그가 다른 사람하고 웃고 있으면 내 얘기를 하는 것같이 느껴지기도 하고요. 요즘엔 잠도 못자고 제가 스스로 부족한 사람이라고 느껴지더라고요. 얼마 전에 좀 놀라웠던 일이 있었어요. 그가 다른 사람이 해낸 실적을 상사에게는 자기가 한 것처럼 말하더라고요. 너무나 태연하게 이야기하고 칭찬까지 받는 것을 보니 당황스러웠어요. 또 다른 날에는, 후배 하나를 호되게 뭐라고 하는 거예요. 잘못한 일이긴 하지만 그 정도로 뭐라고 해야 하나 싶더라고요. 사람을 사람으로 보지 않는 것처럼 느껴졌어요."

이런 성향을 가진 사람은 상황이 전개되어 감당할 수 없게 되기 전에 미리 알아보는 것이 매우 중요합니다. 하나의 방법으로, 그 사람이 내가 아닌 다른 사람을 대할 때 어떻게 행동하는지를 보면 됩니다. 나와의 관계에서는 그를 객관적으로 평가하기가 쉽지 않기 때문입니다.

이는 나르시시스트가 주는 '피암시성 suggestibility' 때문입니다. 피암시성이란 상대에게 어떤 감정이나 생각을 은연중에 가지도록 조장하는 것을 말합니다.

나르시시스트는 자신을 특별한 사람이라고 생각합니다. 더불어 자신과 관계를 맺는 주위 사람들에게도 자신과의 관계가 특별하다고 암시를 거는 습관이 있습니다.

이런 피암시성 때문에 피해자는 그와의 관계에서 착취를 당하고 있지만 제대로 인지하지 못합니다. 그 사람에게 이용당하고 있으면서도 이용당하는지 모른다는 뜻입니다.

피암시성은 피해자에게 은연중에 패배감이나 성취감을 느끼도록 조장합니다. 나는 작은 일도 제대로 하지 못하는 사람이라는 패배감과 나는 능력 있고 주변에 인정받는 사람이라는 성취감을 번갈아가며 느끼게 됩니다.

나르시시스트는 마치 채찍과 당근과 같은 감정을 느끼도록 조장함으로써 자신이 사람들과의 관계에서 우위에 서는 것이 점차 당연하도록 느껴지게 조종하고, 그것이 심화되면서 점차적으로 지배-피지배 관계를 형성하게 됩니다.

바로 이럴 때, 나르시시스트가 다른 사람을 대하는 것을 봐야 합니다. 그가 주위 사람의 감정에 공감하고, 고마움을 느끼는지 다른 사람을 대할 때를 봐야 객관화가 가능합니다. 그가 사람들과 어떤 식으로 관계를 맺고 유지하는지를 자세히 살펴보라는 것입니다.

"네가 한 것치고는 결과가 좋게 나와서 내가 한 걸로 하는 게 좋겠다."

이 말은 조직사회에서 극단적으로 나르시시스트 성향이 강한 사람이 부하 직원에게 하는 말입니다. 이런 식으로 타인의 실적을 가로채는 등 착취적인 성향이 분명하게 드러난다면 일단 나르시시스트로 의심해 봐야 합니다.

나르시시스트는 이해관계가 맞물리지 않을 때는 그런 성향을 드러내지 않지만, 자신에게 이득이 되는 것이 보일 때는 완전히 달라져서 아랫사람을 교묘하게 이용하거나 강제적으로 억압하면서 자신에게 유리한 결과를 만들어 냅니다.

앞서 회사에서 자신의 실적을 함부로 가로채는 선배를 두었다는 30대 중반의 남자의 말은 이렇게 이어집니다.

"저는 이 사람을 어떻게 대해야 할까요? 한 번은 그렇게 하지 말라고 강하게 말하고 싶기도 해요 그런데 또 그가 윗분들과 잘 통하거든요 일도 잘하고, 굉장히 예의가 발라서 능력자라는 평을 듣습니

다. 사내 정치도 잘하는 편이라서 저만 이상하게 보일 것 같아 걱정
이 됩니다."

나르시시스트와 살아가는 방법

이런 사람과 무작정 관계를 끊는 것은 모욕을 주는 일이니 적절한
거리를 유지하는 게 중요합니다. 나르시시스트에게는 작은 모욕감
이라도 큰 앙금으로 남게 됩니다. 그렇다고 너무 가까운 관계를 유
지하는 것은 나의 권리와 이득을 그에게 양보하는 일이기 때문에
적절한 거리두기가 중요합니다.

그러나 현실적으로 적절한 거리두기는 쉬운 일이 아닙니다. 특히
이미 관계가 형성되었다면 바꾸기가 어렵다는 문제가 있습니다. 관
계를 유지해야만 하는 상황이라면 최소한으로만 지켜 나가면서 나
의 권리 중 일부는 양보한다고 생각하는 게 낫습니다.

업무 처리는 가능한 한 정해진 원칙에 따라 진행하는 것이 좋습
니다. 내가 해야 할 일과 그 사람이나 다른 사람이 해야 하는 일을
최대한 구분하고, 정해진 결제 루트와 절차에 따라 업무 진행을 하
도록 노력해야 합니다.

이런 식의 원칙적인 접근을 해야 내가 한 업무에 대한 결과를 빼

앗기지 않을 수 있고 혹시 있을지 모를 잘못에 대한 책임 소재도 명확해지기 때문입니다.

대화를 할 때도 감정보다는 논리에 따라 명확하게 의사 표현을 해야 합니다. 물론 쉽지 않은 일입니다. 하지만 일반적이지 않은 사람에게 일반적인 반응을 기대하면서 감정을 표현하는 것은 결코 이득이 되지 않습니다.

순간의 감정에 따라 이야기를 진행하는 게 아니라 감정을 상하지 않는 논리를 가지고 말하는 것이 좋습니다. 그렇게 일정한 선을 긋고 행동하는 것이 나르시시스트와의 관계를 이어 나가는 최고의 방법입니다.

업무적인 거리 외에 심리적인 거리두기도 중요합니다. 직장인사회에서 나르시시스트에게 인정받지 못하고, 그 때문에 모욕감이나 패배감을 경험한다면서 한숨을 쉬는 샐러리맨 이야기를 많이 듣습니다.

특히 완벽하게 일을 해내려고 하는 사람들이나, 인간관계에서 인정받고자 하는 경향이 강한 사람은 나르시시스트에게 휘둘리는 경우가 많습니다.

모든 관계에서 좋은 성과만을 얻을 수는 없습니다. 그중에서도 나르시시스트에게 인정을 받기란 무척 어려운 일이고, 인정을 받는다 해도 일시적일 뿐입니다.

그런가 하면 때로는 내 잘못이 없더라도 좋지 못한 관계가 되기도 합니다. 이 때문에 상처받지 말기를 바랍니다. 그것은 결코 당신의 잘못이 아닙니다. 우리는 다른 사람들에게 인정받지 못할 수도 있음을 생각해야 합니다. 인생이란 긴 경주에서 모든 게임을 다 이길 수는 없습니다.

피해자의 입장에서 그나마 위안이 되는 부분은, 나르시시스트도 나름의 지옥을 경험한다는 것입니다. 남을 착취하고 억압하는 그 역시 결코 행복하지 않습니다. 외적으로는 성공할 수 있겠지만 뭔가를 성취해 나가면서도 항상 부족함을 느낍니다.

아이러니하게도 나르시시스트의 마음에는 매우 낮은 자존감이 숨어 있습니다. 자신의 이런 모습을 숨기려고 과장된 자신감이나 주위 사람을 향한 질책으로 낮은 자존감을 회피하려는 것입니다.

나르시시스트 역시 나름의 지옥을 살아간다

그들은 누군가 자신을 질투하거나 음해하려고 한다는 생각에 늘 불안해합니다. 작은 일에도 분노를 느끼면서 마음 편한 시간을 누리지 못합니다. 하나의 성공에 만족하지 못하고 항상 뭔가를 더 얻어내려고 합니다.

반면에 성공에 대한 열망이 너무 크기 때문에 뭔가를 이루지 못할 때는 크나큰 절망에 빠지는 경우도 많이 있습니다. 다른 사람을 끝없이 괴롭히지만, 그의 내면에서조차도 이렇게 행복을 누리지 못하고 있습니다.

자기가 세상의 중심이라고 생각하며 자신의 이익만을 생각하고, 주위 사람을 소모품 취급하는 나르시시스트와의 관계에서 어려움을 겪는 사람에게 정신건강의학과 의사가 전하고 싶은 말은 이것입니다.

> "우리 주변에는 자신만이 중요하다고 믿고 남을 함부로 대하는 사람들이 많이 있습니다. 그가 다른 사람을 어떻게 대하는지 보고, 그 사람이 나르시시스트로 생각되면 일정한 거리를 두는 게 좋습니다. 성실하게 살아온 사람이라도 그런 인간에게 인정받지 못할 수 있으니 설령 그런 일이 일어나더라도 상처받지 않았으면 좋겠습니다. 그가 정한 기준에 맞추려고 너무 노력하면서 절망하지 말기를 바랍니다."

도무지 소통이 되지 않는

답답한 사람

직장 후배 때문에 너무 견디기 힘들어요. 저보다 몇 년 늦게 입사했는데, 도무지 일이 늘지가 않아요. 다른 직원들은 정신없이 일하는데도 혼자만 여유 있게 시간을 보내며 별로 급하지도 않은 일만 하고 있어요.

그런 식으로 당장 처리가 급한 일들은 미뤄 두고 자기 방식대로만 일을 해요. 그렇게 일하지 말고 주위 사람들과 소통하면서 일해야 한다고 말을 해줘도 그때는 알아듣는 것처럼 고개를 끄덕이다가도 다시 자기 방식대로 일해요.

제가 선임자라서 책임지고 그를 가르쳐야만 해서 몇 번이나 어르고 달래면서 말을 해도 알아듣지를 못하니 저도 모르게 화를 내고, 욱하는 마음에 조금 심하게 말을 한 적도 있어요. 그런데 이제는 제가 뭐라고 했던 것만을 가지고 저를 크게 잘못된 사람이라고 윗사람에게 고자질해요. 자기는 싫은 내색도 없이 시키는 대로 다 했다면서 피해자 코스프레를 하더라고요.

제가 꾹 참고 소통을 해보려고 뭐가 불만인지 말해 보라고 해도 자기는 그런 게 없다며 애매하게 그저 괜찮다고만 말해요. 분명히 나름대로 잔뜩 화가 나 있는 것 같은데 입을 열지 않으니 너무나 답답해요.

그가 저한테만 앙심을 품고 이러나 싶었는데, 다른 사람들도 그가 무슨 생각을 하는지 도통 알 수 없다는 말을 하네요. 겉으로만 괜찮다고 하면서 자꾸 심통을 부리고, 때로는 한 마디씩 툭툭 건네는 뼈 때리는 말 때문에 힘들다는 사람들이 많이 있어요.

얼마 전에는 제가 답답한 마음에 선배를 만나 하소연을 하다가 감정 조절이 안 되어 그만 울어 버린 적도 있어요. 저는 이 후배를 어떻게 대해야 할까요?

겉으론 수동적인데
속으로는 공격적인

❝ 표현은 안 하는데, 자꾸만 화나게 만드는 사람 ❞

수동적이면서 공격적인 성향

사람은 타인과 소통하며 살아갑니다. 우리는 자신이 원하는 것을 이야기하고, 때로는 자신이 느끼는 감정에 대해서도 솔직하게 표현을 합니다. 그런 과정에서 때로는 직접적으로 언어를 통해 소통하는 경우도 있고, 때로는 비언어적인 표현을 사용하기도 합니다.

그런데 가끔씩은 도무지 속내를 알 수 없는 사람을 만나곤 합니다. 겉으로는 웃고 있지만 속으로는 그게 아닌 것 같은 그는 분명히 뭔가 불만이 있는 것 같은데 제대로 표현하는 법이 없습니다.

그러면서도 말을 애매하게 돌려 표현하거나 작은 트집을 잡으며 심통을 부리거나 하면서 주위 사람을 눈치 보게 합니다. 불만이 있는지 물으면 그런 게 없다면서 아예 입을 닫아 버립니다.

물론 자신의 감정과 이해를 솔직하게 있는 그대로 표현할 수 있는 사람은 없습니다. 불만이나 불평이 있어도 그것을 직접 표현하지 않고 일부분은 돌려서 간접적으로 표현하기 마련입니다.

사실 이런 경향은 대부분의 사람이 보편적으로 가지고 있는 일종의 방어기제라고 할 수 있습니다. 내 감정과 의견을 그대로 표현하는 것이 문제가 되기 때문에 그러는 것입니다.

하지만, 이런 경향성이 너무 심해 주위 사람들에게 부정적인 영향을 끼치는 사람을 '수동공격적 성향passive-aggressive personality trait'을 가졌다고 합니다. 이런 성향은 소극적이고 간접적인 방법으로 자신의 불만이나 분노를 표출하는 경향을 말합니다.

그들은 상대가 너무 강하거나 그 사람과의 관계가 나빠져서 자신이 피해를 보지 않기 위해 상대의 기분을 거슬리게 하는 방식으로 분노를 표출합니다. 이때 상대에 대해 능동적인 표현보다는 수동적인 자세로 일관하는데, 그러면서도 절대로 수용적이지도 않은 태도를 보여 상대방을 눈치 보게 하거나 화나게 합니다.

밖으로 자기 의사를 표현하지는 않지만

수동공격성을 가진 사람은 의사를 그대로 표현하지는 않지만, 거기서 그치지 않고 간접적으로라도 자신의 의사를 표현합니다. 예를 들어 겉으로는 괜찮다고 하면서도 대답을 하지 않거나 괜히 툴툴거리면서 한두 마디 볼멘소리를 덧붙입니다. 겉으로는 웃으면서 말하지만 뼈가 있는 농담을 섞어 가면서 대꾸하는 경우도 있습니다.

이런 사람은 하고 싶은 말이 있을 때 편하게 하라고 해도 애매하게 말을 빙빙 돌려 표현하는 등 은밀한 공격성을 드러내어 주위 사람을 피곤하게 만듭니다.

이들의 내면에 도사린 감정은 표면의 감정과 크게 다릅니다. 내면에는 불쾌감이나 분노 같은 부정적 감정이 가득하지만 겉으로는 마치 가면이라도 쓴 듯이 절대 표현하지 않는 포장 기술을 갖고 있습니다.

문제는 그것을 직접적으로 표현하지 않으면서도 다른 사람이 알아채도록 한다는 것입니다. 게다가 이런 감정들은 쉽게 풀지 않고 오래 지속합니다. 그렇게 장시간 풀지 않고 꽁해 있으니 주위 사람들은 불편하기 짝이 없습니다.

이런 사람과 함께 일할 때는 정말 답답합니다. 개중에는 주어진 일을 하는데 계속 꾸물거려 동료들을 곤란에 빠뜨리면서도 자신만의 방식이라고 주장하기도 합니다.

회의를 해야 하는데 회의실을 잡아 두지 않고는 실수였다고 얼버무리거나 중요 서류를 빠뜨려서 문제를 일으키고는 남 탓을 하기도 합니다. 사람인 이상 실수할 수도 있지만 이런 일이 자꾸 반복되면 팀워크에 금이 가니 문제가 심각해집니다.

충분히 더 잘할 수 있는 능력을 갖춘 사람인 것 같은데도 이렇게 좋지 못한 태도가 반복되니 인정을 받기는커녕 회사 내에서 문제아로 낙인찍히기 십상입니다.

더 답답한 부분은, 그 사람 자신은 상대방을 배려했다고 여긴다는 사실입니다. 그렇게 생각하고 있음에도 주위 사람들이 짜증을 내니 자신이 피해자라고 인식하기도 합니다.

그래서 그는 상대방이 소소한 실수조차 용납하지 않고 나무라는 나쁜 사람인 것처럼 포장을 합니다. 이때 상황을 잘 모르는 사람이 보기에는 상대방이 잘못한 것처럼 여기게 되니 문제가 심각합니다.

수동공격적인 사람의 속마음

우울증의 대가로 불리는 미국의 인지심리학자 에런 벡Aron Beck 은 수동공격적인 성격의 사람을 가리켜 지나치게 겁이 많다고 규정했습니다. 그런 사람은 자신의 의견을 표현하는 것이 큰 위협이 된다고 느낀다고도 했습니다.

이들은 감정을 표현하는 것이 자신에게 해를 끼치고, 나아가 자기의 가치를 크게 훼손할지 모른다고 두려워한다는 것입니다. 바로 이런 위험을 피하기 위해 자신의 감정과 의견이 있음에도 직접적으로 드러내지 않고 우회적인 표현을 한다는 것입니다.

수동공격적인 성향의 이면에는 어린 시절 강압적인 통제를 겪은 경험이 있다고 알려져 있습니다. 지나친 간섭이나 제대로 설명해주지 않는 일방적인 훈육 방식이 주도적으로 일을 처리하지 못하게 만들고, 자기 스스로 조절할 수 없다는 생각을 내재화하게 된 것입니다.

그렇게 되면 아이는 자기 스스로 뭔가를 할 수 있는 능력이 없다고 생각하게 되고, 급기야 자존감이 아주 낮은 사람이 되어 버립니다.

자존감이 높은 사람은 어떤 일로 비난을 받아도 여유 있게 넘길 수 있습니다. 자기 스스로가 괜찮은 사람이라는 생각이 확고하니 뜻대로 되지 않는 상황에 쉽게 실망하거나 분노하지 않습니다.

하지만 자존감이 낮은 수동공격적인 성향의 사람은 별로 크지 않은 부정적 경험에 쉽게 분노의 감정을 드러냅니다. 스스로의 자아가 확실하지 않으니_{자존감이 낮으니} 작은 무시나 비판에도 자신의 가치가 크게 흔들리는 것입니다.

이런 사람이 회사원이 되면 상사의 사소한 질책이나 자기 방식과는 다른 업무 지시에 쉽게 상처받고, 심할 경우 모욕감을 느끼거나 분노의 감정을 경험합니다.

이들은 다른 사람보다 부정적인 감정을 크게 느끼면서도 이러한 감정을 액면 그대로 표현하지 못합니다. 그에게 있어 함부로 감정을 표현하는 것은 위험하기 짝이 없는 일이기 때문입니다.

마음속에 표현하지 않는 분노가 축적되었다가 조금씩 터져 나오는 것이 바로 수동공격적인 행동들입니다. 이것은 무의식적으로 자신과 타협을 보는 것으로, 자기의 감정이나 의사를 강하게 표출하는 것은 자신에게 위협이 될 수 있으니 이런 식으로 돌려서 표현하는 정도는 크게 문제되지 않을 거라고 스스로 믿는 것과 같습니다.

그러다 다른 사람에게 자신의 감정을 전달하고 싶은 무의식적인 욕구가 밖으로 나왔을 때는 주위 사람들의 신경을 건드리고, 때로는 화나게 만드는 행동이 되는 것입니다.

아이러니하게도 수동공격적인 성향의 사람이 제일 화가 나 있는 대상은 자기 자신입니다. 자기의 의사를 소신껏 마음대로 표현하지 못하는 것에 답답함을 느끼기 때문입니다.

그런데 이런 생각을 의식화하게 되면 자신이 비참해지는 느낌을 지울 수가 없습니다. '나는 왜 이렇게 의사 표현을 제대로 하지 못하고 꿍해 있을까?' 이런 생각을 하면서 자기 자신에 대해 실망하고 좌절하는 것입니다.

그러다 그는 이런 감정을 피하기 위해 자신의 분노 감정을 다른 사람에게 '투사projection'하게 됩니다. 투사란 일종의 방어적 과정으로서 받아들일 수 없는 충동이나 생각을 외부 세계로 옮겨 놓는 것을 말합니다. '지금 이 분노의 감정은 나의 잘못이 아니고 다른 사람들이 부당하게 화를 내고 있고, 나는 피해를 보고 있다'고 말입니다.

이것은 자신의 실수 때문에 다른 사람들을 분노하게 만들고는 자신이 일부 잘못은 있지만 상대방이 지나치게 감정 표현을 하는 거라며 자신을 오히려 피해를 받은 사람으로 인식함으로써 심리적인 불편감을 피하는 것입니다.

이런 수동공격성 행동을 반복할수록 피해를 가장 많이 보는 쪽은 다른 누구도 아닌 자기 자신입니다. 자존감이 낮은 사람은 타인으로부터 인정을 받는 긍정 경험이 가장 절실한데, 안 그래도 무시당하는 것에 예민한 사람이 실수를 저지르고 비난을 받으니 문제가 심각해지는 것입니다.

이런 식으로 반복되는 부정 경험은 자신의 가치를 더욱 낮게 보이도록 만들어 최악의 자신을 느끼게 됩니다.

너무 비난하지 말고, 스스로 일을 책임지도록

먼저 알아야 할 일은 이런 수동공격적인 모습들이 어디까지나 무의식적인 과정이라는 것입니다. 실수하는 것, 꾸물거리면서 일을 미루는 것, 한 마디씩 툭툭 내뱉는 등 감정을 상하게 하는 행동들이 합리적인 판단에 따라 나타나는 행동이 아니라 무의식적으로 표현되는 방어기제라는 것입니다.

그렇기에 그에게 욕을 하고 화를 내면서 사실 여부를 따져도 변화가 만들어지지는 않습니다. 비난을 통해 변할 수 있다면 백 번을 그렇게 할 수 있겠지만 그런 식으로는 변화되지 않는 경우가 허다합니다.

이런 사람들을 멀리하면 좋겠지만 조직사회의 구성원으로서 그렇게 할 수도 없는 노릇입니다. 따라서 피할 수 없다면 그의 행동

습관을 액면 그대로 봐주는 게 좋습니다.

지나치게 비난하지 말고, 그렇다고 완전히 포기하거나 긍정하지도 말고 그냥 객관적인 태도로만 지켜봐 주는 게 좋습니다. 대신 그런 태도 때문에 그 사람 스스로 손해 보는 문제들에 대해서는 강조해주는 게 좋습니다.

'너는 태도가 글러 먹었어!', '너는 너무 무능하고 일처리가 늦어!'라는 비난보다는 꾸물대는 업무 방식 때문에 본인이 직접적인 손해를 보는 부분에 대해 강조하는 게 나은 방법이라는 것입니다.

업무를 처리하는 과정에서는 어떤 결과든지 간에 그 사람이 책임지는 환경을 만들어 주는 것도 좋습니다. 좋은 결과든, 그렇지 않은 결과든 미리 교정을 해주거나 조언을 해주려고 감시하지 말고 그로 인한 결과에 대해 오롯이 그 사람의 책임이 되도록 해야 합니다.

그 과정에서 그 사람이 조언을 구한다면 도움을 주되 그렇지 않다면 최대한 기다려 줘야 합니다. 먼저 참견하며 시시콜콜 따지는 것은 그의 감정을 더 상하게 만들고 관계를 악화시킵니다.

그 사람의 태도에 화가 나더라도 직접적인 비난, 욕설, 감정 표현은 피해야 합니다. 아무리 속이 터지는 상황과 마주하더라도 일단 한 발 물러날 필요가 있습니다.

평소 이런 경향의 사람들이 겉으로는 온유한 모습을 보이지만 가끔씩 심하게 나타나는 공격성을 항상 염두에 두어야 합니다. 따라서 지나친 질책이나 감정 표현은 나에게 손해로 돌아올 수 있음을 잊지 말기 바랍니다.

스스로 수동공격적이라고 생각하지 않나요?

나 스스로 이런 경향을 가지고 있는 것은 아닌지 의심이 될 때가 있습니다. 먼저 알아야 할 것은, 사람마다 많든 적든 간에 이런 경향성은 가지고 있다는 사실입니다.

스스로는 감정 표현을 하지 않는다고 생각하지만 마음에 들지 않는 상사의 말에 자신도 모르게 툴툴거리거나 말대꾸를 한 경험이 있지는 않나요? 이 때문에 관계를 망치거나 손해를 본 경험은 누구에게나 있을 것입니다.

이럴 때는 조용히 자신의 감정을 돌아보는 시간이 필요합니다. 자신의 감정을 느끼면서, 이런 감정 표현을 자제하는 것을 '억제repression'라고 합니다. 심리학에서 억제는 수준 높은 방어기제라고 평가합니다.

반면에 자신의 감정이나 생각에서 부정적인 부분을 그냥 통째로

눌러 버리는 것을 '억압suppression'이라고 합니다. 억압은 매우 부정적인 방어기제인데, 마냥 억압해 놓은 감정은 어떻게든 조금씩 터져 나오기 마련으로 이것은 인간관계에서 여러 문제를 야기하기 때문입니다.

미국의 심리학자 레이 버드휘스텔Ray Birdwhistell은 사람의 의사 전달 과정에서 음성언어적 표현이 30~35% 정도인데 반해 태도나 표정 같은 동작언어의 비율이 65~70%에 달한다고 말합니다.

말로는 불만이 없다고 해도 억압하고 있는 감정들은 어떤 방식으로든 표현될 수밖에 없습니다. 그리고 이것은 주위 사람에게 낱낱이 전달되고, 말로는 아니라고 하지만 불만을 가득 담고 있는 표정은 주변에 전부 전달이 되고 맙니다. 그렇다는 것은 나는 나름대로 꾹 참고 있다고 믿지만, 다른 사람들은 나의 불만을 느끼고 있다는 이야기가 됩니다.

너무 억압하지 말고, 적절한 시기에 표현을

스스로가 치사하게 소심한 반항을 하는 것처럼 느껴질 때는 자신의 감정을 돌아보고, 자신에게 가장 이득이 되는 대처법이 무엇인지 찾아보는 것이 좋습니다. 내가 기분이 많이 상한 것을 의식하지 않고 너무 억눌러 버린 것은 아닌지 말입니다. 이보다는 자신이 느끼는 감정과 생각을 인식하고 합리적으로 억제하는 게 필요했을지도 모릅니다.

때로는 자신의 감정이나 생각을 제대로 표현하는 것이 생각보다 좋은 결과를 가져올 수도 있습니다. 오히려 어느 정도는 솔직하게 표현하고, 어렵지만 적절한 합의를 도출해 내는 것이 조금은 번거롭더라도 나의 가치를 올리는 합리적인 방향일 수도 있습니다.

스스로는 참는다고 하지만, 불쾌한 감정들을 다른 방식으로 표출하는 사람을 마주하곤 합니다. 이 수동공격적인 성향을 가진 주변 사람 때문에 마음고생을 하다가 정신건강의학과 의사를 찾아오는 사람들에게 전하고 싶은 이야기는 이것입니다.

> "수동공격적인 성향의 사람들이 상황에 맞지 않게 소심하게 반항하는 태도에 대해 지나치게 비난하지 마세요. 이런 성향은 비난한다고 결코 바뀌지 않고, 비난할수록 더 심해질 뿐입니다. 어렵지만 가능한 객관적이고 일관된 태도로 대해야 합니다. 그런 사람에게는 스스로 결과에 대해 온전히 책임질 수 있는 환경을 만들어 주는 게 최선입니다."

Episode 13

주위를 피곤하게 하는 사람

지나친 관심병으로

직장에 취직하고 나서 선배 한 명과 금방 친해졌어요. 첫 직장이어서 미숙한 부분도 많았는데 친절하게 설명해 주는 좋은 선배였어요. 그 선배는 눈에 띄는 예쁜 외모에 옷차림도 항상 세련되었죠. 처음 보는 사람들과 금방 친해져서 친화력의 인싸로 유명했어요.

이 언니와 함께 있으면 말도 많이 하게 되고, 정말 즐거울 때가 많았어요. 그런데 문제는 그 선배가 항상 과장되게 말한다는 거예요. 가끔씩은 뻔히 보이는 거짓말도 하고 허세를 부리기도 했어요.

어느 날 남자친구와 헤어진 후에는 눈물을 쏟으면서 이런저런 이야기를 하는데 마치 비련의 여주인공처럼 절절하게 감정 표현을 하는 거예요. 누구와 언쟁을 벌이기라도 하면 세세하게 자신의 억울함과 상대의 잘못에 대해 장황하게 쏟아 내곤 하고요. 이런 일들이 몇 번 계속되니 너무 당황스러웠고, 왜 회사 안의 몇몇 사람들이 이 언니와 거리를 두는지 알겠더라고요.

이 선배의 SNS에는 일주일에도 수십 개의 사진들이 뻔질나게 올라와요. 전부 자기가 세상에서 가장 행복한 여자인 것 같은 사진들이에요.

그러다 어떤 때는 지나치게 과감한 옷차림의 사진을 올리기도 하는데, 누군가를 저격하는 이상한 내용의 의미심장한 글이 곁들여지기도 해요.

그녀에 대해 잘 모르는 사람들은 이런 변화에 무슨 이유라도 있는지 묻곤 해요. 하지만 그녀에 대해 조금은 안다고 자부하는 저는 이 언니가 관심을 끌려고 그런다고 거의 확신을 하고 있어요. 대체 이 선배는 왜 이러는 걸까요?

내가 주인공이 아니면
참을 수가 없어요

❝ 이면에 도사린 공허와 낮은 자존감이 문제 ❞

지나친 관심 추구는 병일수도 있다

우리 주변에는 어디서든 주변의 주목을 받아야 직성이 풀리는 사람들이 있습니다. 이런 사람들은 어디를 가도 눈에 띄는 모습을 하고, 화려한 언어 표현을 남발하는 습성이 있습니다.

요즘 이런 사람들은 SNS 활동에 지나치게 몰입하는 경향을 보이면서 자신의 상황보다 과장된 행복을 연출하기도 합니다. 유명 맛집 같은 곳을 방문한 사진들이 즐비하고, 유명 인사들과 관계를 자랑하면서 비싼 명품을 몸에 걸친 사진이나 해외 여행지같이 뭔가 눈에 확 띄는 사진을 올립니다.

그러다 어떨 때는 마치 자신이 비극의 주인공이 된 것처럼 누군가를 저격하고 슬퍼하는 사진을 올리기도 합니다. 극단적으로는 자해나 자살 시도를 암시하는 내용을 올리기도 해서 주위 사람을 깜짝 놀라게 만듭니다.

우리 모두는 관심을 필요로 합니다. 관심을 추구하는 것이 인간의 본능이기 때문입니다. 하지만 극단적으로 관심을 받아야만 직성이 풀리는 사람들을 향해 우리는 '관심병', 또는 '관종'이라고 부르며 좋지 않은 시선을 보냅니다.

이런 식으로 관심을 인생의 가장 큰 가치로 여기는 사람에 대해 정신의학에서는 '히스테리성 성격장애histrionic personality disorder'라고 부릅니다. 관심 추구가 너무 지나치다면 그것이 질병일 수도 있다는 이야기입니다.

히스테리성 성격은 '연극성 성격'이라고 부르기도 합니다. 마치 자기 혼자 연극을 하는 것처럼 행동하기 때문입니다. 연극배우들은 일부러 과장된 언어 표현과 행동을 하는데, 이는 많은 사람들이 보고 있어 자신의 감정선을 명확하게 전달해야 하니 큰 언행을 통해 이를 이해시키고자 하는 것입니다.

히스테리성 성격을 가진 사람들은 항상 다른 사람들이 자신을 주목하고 있다고 느낍니다. 그래서 연극 무대에 오른 배우들처럼 과장된 표현을 하는 것입니다. 이들은 어디를 가도 눈에 띄는 편인데, 정확히 말하면 무의식적으로 자신이 눈에 띄려고 온갖 노력을 하는 것입니다.

그들은 화려하면서도 인상적인 언어를 사용합니다. 애교가 섞인 콧소리를 내거나 독특하고 높은 웃음소리가 그것입니다. 말과 행동에서 다른 사람보다 크고 풍부한 표현을 하는 그들은 외모나 옷차림에 유독 신경을 많이 쓰는데, 여자라면 과감하고 노출이 심한 옷차림을 선호합니다.

하지만 그렇게 화려한 화장과 옷차림은 자신을 위한 게 아니라 주변의 시선을 위한 것, 다시 말해서 관심의 대상이 되기 위한 몸짓에 해당합니다.

내가 중심이 아니면 견딜 수가 없어

히스테리성 성격을 가진 사람의 첫인상은 굉장히 밝고 활달한 모습입니다. 어디를 가나 모임을 주도하고 생기가 넘치는 모습입니다. 여러 사람들에게 유쾌하게 먼저 다가가서 붙임성 있는 모습을 보이기도 합니다.

그들은 감정이 풍부해서 상황에 몰입을 잘합니다. 그래서 잘 웃고, 때로는 작은 일에도 쉽게 눈물을 흘리기도 합니다. 감각이 뛰어난 편이어서 특히 예술 쪽이나 연기에 재능이 있습니다. 어느 성격 연구에서는 연예인 중에 상당수가 이 성격에 해당한다는 결과도 있습니다.

우리는 뭔가를 표현하고, 그에 맞는 관심을 받으면 기뻐합니다. 그러나 이러한 관심이 줄곧 이어진다면 피곤함을 느끼곤 합니다. 하지만 히스테리성 성격을 가진 사람은 자신이 관심의 중심에 있지 않은 것을 지나치게 견디기 어려워합니다.

초기에 어떤 일로 관심을 받고 나면 계속 관심을 모으기 위해서는 조금 더 자극적인 것이 필요합니다. 그래서 그들은 가끔은 위험해 보이거나 자극적인 언행을 하기도 합니다. 그렇게 해서라도 타인의 관심을 끌기 위해서입니다.

그들의 인간관계는 넓은 편이지만 깊이가 없다는 것이 특징입니다. 피상적이고 가치가 없는 관심만으로는 심도 깊은 인간관계를 유지할 수 없다는 반증일 것입니다.

이런 결과는 어쩌면 당연할지도 모릅니다. 이들은 오로지 관심에만 목말라 있기 때문에 그냥 관심을 끌 만한 이야기만을 계속할 뿐,

더 깊은 인간관계를 만들어 나가거나 자신의 깊은 속내를 표출하지 않았기 때문입니다.

이런 사람들 중에는 성적으로 문란한 경우도 있습니다. 그들은 화려한 외양과 언어 습관을 통해 이성에게 유혹적인 모습을 보이지만 이 또한 깊이 있는 관계로 진행되기는 어렵습니다.

심할 때는, 이성에 대한 사랑이라기보다 다른 사람의 관심을 얻기 위해 성적인 부분을 활용할 뿐 더 깊은 관계를 맺는 것은 피하고 어느 정도 이상으로 가깝게 접근하는 것을 부담스럽게 여기는 것이죠.

불행히도 히스테리성 성격의 여성의 경우 성적으로 불감증인 경우도 많습니다. 사랑이 없는 이성 관계를 통해 일시적으로 관심을 받을 수는 있지만 스스로는 만족을 얻지 못한다는 것이 정신의학계의 해석입니다.

관심을 받아야만 살아 있다고 느끼는 심리

히스테리성 성격은 관심을 받아야만 자존감이 유지됩니다. 그들은 관심을 받을 때와 받지 않을 때 자신에 대한 평가가 양극단을 오갑니다.

사람들에게 관심을 받고 있을 때만 '나는 충분히 괜찮은 사람이야!', '나는 매력적인 사람이야!'라고 느낄 수 있습니다.

반대로 관심을 받지 못할 때는 자존감이 전혀 유지되지 않습니다. 사람들이 자기에게 관심을 주지 않을 때는 '나는 매력이 없는 사람이야', '나는 인정받지 못하는 사람이야'라고 생각합니다. 더 극단적으로는 '나는 살 가치가 없는 무의미한 존재야'라고까지 생각하게 됩니다.

타인의 관심을 받는 것이 삶의 목표인 그들의 이면에는 지독한 자기혐오와 열등감이 숨어 있는데, 그렇기에 남들의 관심을 끌어서라도 자존감을 유지하기 위해 그리도 부단히 관심을 얻으려는 것입니다.

주위 사람들의 관심이 떨어지고 자존감이 바닥을 칠 때는 이제껏 볼 수 없던 무서운 모습을 보이기도 합니다. 그러면 다시 자기혐오를 피하기 위해 과장되거나 거짓된 연출을 하는 악순환에 빠집니다.

그들은 심한 경우 다른 사람의 신분을 도용하기도 하고, 거짓말을 남발해서 법적인 문제를 일으키는 경우도 있습니다. 그러다 자해와 같은 극단적인 방향으로 주변의 관심을 끌거나 자살 시도를 암시하기도 합니다.

이렇게 극단을 오가는 성격 탓에 제일 괴로운 사람은 그 자신일지도 모릅니다. 그럼에도 왜 그들은 이런 성향의 사람이기를 고집할까요?

지그문트 프로이트는 어린 시절에 어머니에게 충분한 양육care, 돌봄을 받지 못하면 아버지에게 지나친 집착을 하게 된다고 말했습니다. 이런 아이들은 부모에 대한 이미지가 안정적이지 못하고 실망과 집착 사이에서 방황하게 된다는 것이 프로이트의 지적입니다. 이처럼 부모의 이미지가 안정적이지 못한 아이는 '나는 사랑을 받을 자격이 없는 사람'이라는 낮은 자존감을 내제하게 됩니다.

성장 과정에서 '누군가 관심을 주고 나를 인정을 해주면 좋겠다', '혼자 남겨지기 싫다'는 생각은 누구나 가지는 기본적인 욕구입니다. 그런데 자존감이 낮은 아이일수록 이런 욕구에 더 집착을 하게 되곤 합니다. 마치 과거에 심하게 굶주려 본 사람이 음식에 더욱 집착을 하는 것처럼 말입니다.

만약 관심에 굶주린 아이가 어느 순간 지나치게 꾸며진 모습을 보여서 관심이라는 상을 받았고 낮은 자존감이 채워지는 것 같은 경험을 했다면 어떨까요? 다음에도 무의식적으로 그 행동들을 반복하게 될 것입니다.

어떤 행동을 했을 때 보상이 주어지니 그 행동을 반복하게 되고, 그 경향이 습관처럼 굳어지는 것을 행동 과학에서는 '양성 성격 강화'라고 부릅니다.

이 양성 강화positive reinforcement 라는 개념은 중독과 관련한 해석에서 많이 사용하는데, 관심을 지나치게 추구하여 관심을 받는 것에 중독이 되어버린 히스테리 성격에도 똑같이 적용할 수 있습니다.

이런 사람은 어떻게 대해야 할까?

이들을 대할 때 가장 중요한 사실은, 이런 성격적인 특성들이 의식적인 부분이 아니라는 것을 이해하는 것입니다. 다시 말해서 일부러 의식하고 그러는 게 아니라는 걸 받아들이라는 것입니다.

아프지 않은데 아픈 척하는 것을 꾀병이라고 하는데, 이것은 의식적인 행위입니다. 하지만 관심병을 가진 사람들의 성격적인 경향은 의식의 수준이 아닙니다. 의도적으로 관심을 받아야겠다고 마음먹고 노력하는 게 아니라 무의식적으로 관심을 추구하고, 이에 따른 행동이나 모습을 보이는 것입니다.

다시 말해서 그들에게 이런 성향을 바꾸라고 비난하거나 깨우침을 주려고 아무리 설득해도 성격이 바뀌지 않는다는 사실을 알아야 한다는 것입니다.

정신의학에 '자아동조적ego-syntonic'이라는 용어가 있습니다. 이 말은 성격장애 환자 스스로는 자신의 성격이 문제라고 생각하는 인식 자체가 없다는 이야기입니다. 이런 사람들은 스스로는 지극히 정상적인데 자신을 둘러싼 세상이 문제라고 여기면서 주위 사람들을 괴롭게 만듭니다.

예를 들어 히스테리성 성격의 환자는 스스로를 볼 때 활달하고 자신을 잘 꾸미는 괜찮은 사람인데, 주위 사람들이 자신을 시기하며 나쁜 소문을 내어 괴롭히는 경우가 너무 많다고 생각합니다.

겉으로는 화려하지만, 눈에 보이는 모든 것이 거짓인 히스테리성 성격의 사람을 대할 때는 이런 조짐을 먼저 알아차리는 게 좋습니다. 화려한 모습에 현혹되거나 과장된 표현에 흔들리지 않기 위해서는 그런 깨달음이 앞서야 한다는 뜻입니다.

특히 이런 유형들은 이성에게 유혹적인 면을 많이 노출하는데, 이런 모습에 쉽게 끌려서는 안 됩니다. 그렇지 않으면 크고 작은 상처를 받아 마음고생을 하게 됩니다.

히스테리성 성격은 다른 사람과 깊이 있는 인간관계를 맺지 못합니다. 초기에는 실제 관계보다 친밀함을 느끼지만 친해질수록 관계유지가 안 되고 오히려 무의식적으로 상대방을 밀어내는 경향을 보입니다.

그만큼 친해지는 상황에 걸맞은 충분한 감정의 공유가 되지 않는 것입니다. 좀 더 쉽게 표현하자면, 처음에만 100의 감정을 주고, 친해진 이후에는 점점 감정의 교류가 제대로 이루어지지 않게 됩니다. 그래서 이 성향의 사람에게 처음과 같은 친밀감을 계속 바라다가는 상처를 받곤 합니다.

히스테리성 성격은 여성이 다수를 이룹니다. 그렇기에 주변의 다른 여성들은 이런 성향의 여성 때문에 짜증이나 분노의 감정을 호소하곤 합니다.

이런 경향이 적게 나타날 때는 그냥 넘어갈 수도 있지만 심할 때는 주위 사람들에게 스트레스를 유발하는데, 그러다 특유의 친화력을 발휘하거나 뻔한 과장을 통해 친밀하게 보이는 것처럼 행동을 해서 이래저래 짜증나게 합니다.

주변의 어떤 사람이 이런 성향인데 나에게 직접적인 피해를 주지 않는다면 짜증이나 분노 같은 감정보다는 안타까움을 느꼈으면 합니다. 히스테리 성격인 사람은 나름의 지옥을 살고 있기 때문입니다.

항상 관심을 받아야 하고, 관심이 사라지면 자신이 사라지는 것 같기 때문에 혼자만의 어둠 속에서 몸부림치는 상황을 연민으로 지켜봐 주면 좋겠습니다.

주변에 이런 경향의 사람이 나에게 이미 소중한 존재인 경우도 있을 것입니다. 가족일 수도 있고, 연인일 수도 있고, 멀리할 수 없는 친한 관계일 수도 있습니다. 그들에게 도움을 줄 때는 그럴 수 있는 부분과 없는 부분을 구별하는 것이 중요합니다.

혼자서 도와주려고 애쓰지 말아요

히스테리성 성향이 극단으로 치달을 때는 무서운 모습을 보일 수도 있으니 유의해야 합니다. 관심을 끌기 위해 자꾸 큰 거짓말을 지어내거나 그것이 들통나면 자해나 자살 위협을 하는 경우도 있습니다.

그런가 하면 갑자기 기억을 잃는다거나 갑작스레 다른 사람 같은 말투나 행동을 보이는 인격 변화를 보이기도 하는데, 이를 '해리 장애dissociative disorder, 일반적으로는 다중인격이라 부른다'라고 합니다. 이런 부분 역시 의식적인 부분이 아니라 심리적인 고통을 피하기 위한 무의식적인 몸부림의 하나입니다.

또 다른 경우로 '리플리 증후군ripley syndrome'이라는 증상을 보이기도 합니다. 미국 작가 퍼트리샤 하이스미스Patricia Highsmith의 소설

《재능 있는 리플리 씨The talented Mr. Ripley》에서 유래된 이 증상은 자신이 과장한 것이나 자기가 뱉어 버린 거짓말을 스스로 믿어 버리는 성향을 말합니다.

자신이 만든 세상과 실제 세상을 구분하지 못하는 리플리 증후군이 히스테리성 성격을 의미하는 것은 아니지만 히스테리 성격에서 이런 문제를 자주 볼 수 있습니다.

이처럼 히스테리 성향의 사람이 심한 상황에 있을 때는, 주위 사람이 어떻게든 도와주려고 억지로 애쓰지 말았으면 합니다. 도움을 주는 사람이 너무 힘들어지기 때문입니다.

그 사람 내면의 공허, 주변에 대한 비난의 감정, 극심한 스트레스를 받을 때의 자해나 자살시도를 주변의 어떤 누구도 제대로 대응해 줄 수는 없습니다. 무리하게 혼자서 감당하려면 감정적으로 지치게 되고, 그 사람에게도 전혀 도움이 되지 않습니다.

히스테리 성향의 사람에게 지나치게 관심을 쏟는 것은 오히려 증상의 악화를 가져올 수 있다는 사실을 알아야 합니다. 안쓰러운 마음에 도움을 주려는 것까지도 그에게는 관심으로 느껴질 수도 있기 때문입니다. 주변에 그런 사람이 있으면 혼자서 감당하게 하기보다는 전문적인 상담이나 치료를 받을 수 있게 도와주는 게 최선입니다.

모든 상황에서 주인공이 되고 싶은 히스테리성 성격의 사람으로 인해 어려움을 겪고 있는 이에게 정신건강의학과 의사는 이렇게 조언합니다.

> "그 사람의 화려한 겉모습에 속지 말고 아름다운 이면에 도사린 공허함과 바닥까지 내려간 자존감을 봐야 합니다. 겉으로 보이는 그의 많은 것들은 거짓일 수 있는데, 이면에 도사린 공허는 남들의 관심을 받아야만 자존감을 채울 수 있습니다. 만약 그 사람이 소중한 사람이라면 스스로가 해결하게 놔두지 말고 전문적인 치료를 통해 해결하도록 돕는 것이 좋습니다."

집착하는 부분만 빼고

다 괜찮은 사람인데

저는 앞으로 언젠가는 결혼도 생각하고 있지만, 지금은 제 일이나 좋아하는 사람과 연애하는 것이 더 중요한 30대 초반의 평범한 여성입니다.

몇 달 전부터 교제하는 남자친구와의 관계에 문제가 있어 고민입니다. 친구의 소개로 만나게 되었는데, 괜찮은 직장에 다니고 외모도 좋았습니다. 특히 자상하게 신경을 많이 써주는 모습이 좋아서 몇 번의 만남 끝에 정식으로 사귀게 되었어요. 여러 가지 조건도 괜찮으니 앞으로 만남을 잘 이어 가면 결혼 상대로도 괜찮겠다고 생각하게 되더라고요.

처음에는 그 사람의 세심한 부분들이 마냥 좋았어요. 연락을 자주 주고받는 것도 좋았고요. 그런데 이게 점차 집착처럼 느껴집니다. 그는 자신과 연락이 안 되는 상황을 지나치게 싫어해요. 제 생각을 많이 해서 그렇다고 말하는데, 친구들과 모임이 있을 때는 항상 미리 이야기를 해줘야 하고 갑자기 약속이 생기기라도 하면 자세히 이유를 설명해 줘야 합니다. 특히 남자 직원들하고는 업무적인 미팅을 하는 일조차 일일이 보고해야 할 정도예요.

최근에 회사에서 문제가 생겨서 오랫동안 전화를 못 받은 적이 있는데, 부재중 통화가 너무 많이 와 있는 거예요. 뒤늦게 전화를 거니 크게 화를 내더라고요. 나중에 만났을 때는 잔뜩 화가 나서 저를 벽에다 힘껏 밀치고 윽박지르듯 이야기를 하는데 덜컥 겁이 나더라고요. 이런 게 데이트 폭력인가 하는 생각이 들었어요.

다음 날 그가 자신이 지나쳤다며 울고불고 사과를 해서 일단은 용서를 해줬지만, 이런 일이 또 반복되지 않는다는 보장이 없으니 걱정입니다. 그가 집착하는 부분만 빼고는 정말 괜찮은 사람인데, 저는 이 사람과의 관계를 어떻게 해야 할까요?

14

집착이 심한 남자친구 때문에
고민이에요

❛ 데이트 폭력으로 고통받는 사람들이 너무 많다 ❜

왜 사랑하는 사람에게 집착하고 폭력을 휘두를까?

우리는 크고 작은 인간관계를 만들며 살아갑니다. 그런 관계 중의
하나가 이성을 만나고 교제하는 일인데, 이 과정은 본능적인 부분
이기도 하고 사회적인 성장을 위해 꼭 필요한 과정이기도 합니다.

연애에 대한 관점은 사람마다 차이가 있습니다. 어렵지 않게 사
람을 많이 만나면서 자주 연애하는 사람도 있고, 반면에 오랜 시간
지켜보고 신중하게 연애를 시작하는 스타일도 있습니다. 그런가 하
면 결혼을 전제로 서로 엄격하게 평가하면서 연애를 시작하는 사람
들도 있습니다.

어떤 연애든지 남자와 여자가 만나 연인, 또는 남자친구나 여자친구로 묶이는 순간부터 관계에 분명한 변화가 찾아오게 됩니다. 연인으로 묶이기 전에는 서로에게 많은 것을 요구할 수 없었지만, 일단 연인 관계로 발전하면 상대가 약속을 해줬으면 하는 마음이 생깁니다.

예를 들어 다른 이성을 만나지 않겠다는 약속은 상식적인 희망사항이고 언제나 내 편을 들어 주길 바라거나 일주일에 한 번 이상은 만나서 시간을 보내길 바라는 것은 연인들이 흔하게 바라는 일들입니다. 하지만 이런 약속들이 제대로 지켜지지 않거나 바라는 대로 되지 않을 때 상대에게 실망을 느끼고 화가 나면서 갈등이 일어날 수 있습니다.

이렇게 바라는 마음에 그치지 않고, 사이가 깊어지면 어느 정도 간섭하고 참견도 할 수 있습니다. 예를 들어 상대방이 술에 취한 상태라서 연락이 잘 안 되면 심한 말로 비난을 하거나 다시는 그러지 말라고 행동을 제한하는 말을 합니다.

더구나 어느 한 쪽이 이성이 많이 출입하는 클럽에라도 갔다면 불쾌감을 표현할 수도 있습니다. 대개는, 교제하는 기간이 길어질수록 상대에게 바라는 점이나 제한하는 사항들이 많아지곤 합니다.

문제는 이런 약속이나 간섭이 당사자들 간에 차이가 나는 경우입니다. 한 쪽은 당연한 요구지만 상대방은 그렇지 않을 수 있습니다. 이렇게 되면 서로 양보하고 맞춰 나가는 과정이 필요하지만 때로는 한 쪽의 요구가 너무 과해서 일반적인 범주를 벗어나 문제가 생기기도 합니다.

상대의 모든 것을 알고 싶어 하고 통제하려는 사람이 있습니다. 때로는 별일 아닌데도 의심의 눈초리를 보내며 수시로 연락하라고 요구하고, 그 사람 스스로도 끊임없이 전화를 해댑니다.

자신과의 만남을 항상 최우선으로 하라고 요구하면서, 자기와의 관계 말고 다른 관계를 싫어합니다. 그러다 자기 뜻대로 되지 않을 때는 버럭 화를 내면서 감정적인 표현을 하고, 심하면 위협적인 말과 행동을 일삼게 됩니다.

이런 집착 때문에 생기는 현상이 '데이트 폭력'입니다. 데이트 폭력은 단순히 물리적인 폭력 외에도 언어적, 감정적인 폭력을 모두 포함하는 넓은 범위의 이야기입니다.

데이트 폭력은 분명히 부정적인 개념이고, 만약 이런 관계가 되었다면 가급적 빨리 관계를 정리해야 합니다. 그런데 어떤 사람들은 이런 연애로 인해 무척이나 힘들어하면서도 상황을 제대로 바라보지 못해 빠져나오지 못하기도 합니다.

데이트 폭력을 당하는 사람의 심리

얼마 전에 찾아온 30대 초반의 여성이 긴 한숨과 함께 이렇게 말했습니다.

> "그 사람이 저를 많이 좋아해요. 그래서 저에게 더욱 집착을 하는 것
> 같아요. 그런데 이번에는 그게 좀 지나치게 표현이 되었어요. 시간
> 이 좀 지나면 나아지지 않을까요? 사실 이 남자가 저를 많이 위하고,
> 그것 때문에 집착하는 것 말고는 장점이 아주 많거든요."

관계에서 부정적인 부분들은 연애 중간에 드러나는 경우가 많습니다. 연애 초기에 이런 부분은 잘 나타나지 않고, 만약 일찍 그런 태도를 보였다면 관계를 당장 마무리했을 것입니다.

대개 연애 초반에는 상대에 대한 관심이 많다 보니 무척 친절하고, 설령 조금 과한 부분이 보여도 나에 대해 예민하게 반응하는 정도로 생각하게 됩니다. 그런데 연애가 점점 깊게 진행되면서 집착의 강도가 높아지고 점차 위협적인 모습이 드러나곤 합니다.

이런 집착에 대해 가장 많이 하는 말은 '너무 사랑해서 나에게 집착하는 것 같아요'라는 표현입니다. 사랑의 의미를 어떻게 정의하는지는 사람마다 다를 수 있지만 사랑과 집착은 전혀 다른 이야기

입니다.

상대방은 사랑해서 집착하는 게 아니고 그냥 집착을 하는 사람이 나의 연인이 된 것입니다. 상대방의 집착에 따른 행동을 사랑이란 감정과 혼동해서는 안 됩니다.

이런 행동이 한 번이라도 나타났을 때는 곧바로 결단을 내리는 게 좋습니다. 그런 과정이 반복되면서 자신도 모르게 상대방을 변호하고 있는 자신을 발견하게 되기 때문입니다. 그런 경향을 '인지 편향cognitive bias'이라고 합니다.

인지 편향은 스스로 받아들이기 어려운 상황에서 생각을 왜곡하는 것을 말합니다. 높은 곳에 있는 포도를 먹을 수 없으니 그건 신포도일 거라고 자신을 합리화하는 이솝 우화의 여우와 같은 심리입니다.

그 사람과 지내 온 시간이 많아질수록 집착이나 폭력처럼 부정적인 관계를 경험하면서도 만나 온 시간이 너무 아깝다는 생각을 하게 됩니다. 잘못된 사람을 선택하고 부정적인 대접을 받아 온 자신이 바보같이 느껴집니다.

그런데, 이런 심리적인 불편감을 그대로 받아들이기 어려우니 '그 사람이 나를 사랑해서 그러는 거야', '원래는 좋은 사람인데 그

당시 잠깐 욱한 거야'라고 상황을 합리화해 버립니다.

이렇게 합리화를 하면 마음이 편해지니 내가 오히려 상대방의 입장에서 생각을 하는 것입니다. 때로는 주변의 누군가에게 애써서 상대방의 변호를 해주고 있는 나를 발견하기도 합니다. 이런 상황에 대하여 폭력이 내재화되었다고 말합니다.

어느새 폭력에 길들여진 나를 발견한다

이런 집착과 폭력의 강도는 분명히 시간이 갈수록 심해집니다. 관계가 더 발전하고 충분히 믿음을 주면 괜찮아질 거라고 기대하는 사람이 있습니다. 상대방이 좋은 부분도 많고, 이번 일에 대해서는 충분히 사과했으니 앞으로는 틀림없이 변할 것으로 믿게 됩니다.

하지만 그렇지 않습니다. 일반적으로는 이런 집착은 시간이 갈수록 한층 더 심해집니다. 만약 연애 도중에 위협적인 행동을 자주 한다면, 그것은 앞으로 더 큰 행동으로 이어질 수 있다는 것을 경고하는 알림과 같습니다.

실제로 데이트 폭력 피해자들을 대상으로 진행한 연구에서 폭력과 집착의 강도는 시간의 흐름에 따라 점차 심해졌습니다. 뉴스나 여러 매체에서 보는 것처럼 폭력이 너무 심한 경우에도 역시 처음엔 낮은 강도에서 시작했을 것입니다.

데이트 폭력의 양상은 집착과 통제, 그것이 만족되지 않을 때의 위협적인 행동, 그리고 이에 대한 사과와 용서, 잠시 시간이 흐른 후에 다시 집착과 통제가 반복되는 패턴입니다. 이런 패턴이 반복되면서 강도가 강해지는 것을 심리학에서는 '부정 강화negative reinforcement'라고 합니다.

그러다 피해자들 스스로 집착, 폭력, 위협 같은 부정적인 결과를 피하기 위해 상대방의 마음이 상하지 않게 행동하는 양상을 보이게 됩니다. 그러면 상대방은 이런 노력을 당연하게 생각하면서 기준이 더 엄격해지고, 그에 따른 집착과 폭력이 강화되는 것입니다.

만약 주변의 소중한 사람이 이런 일로 마음고생을 하고 있다면 어떤 말을 해야 할까요? 누구라도 당장 헤어지라고 말할 테지만, 정작 그런 말을 자기 스스로에게는 하지 못하는 사람들이 있습니다. 상대방과 보낸 그 많은 시간들, 너무도 많은 추억들 때문인지 자기도 모르게 그 사람의 입장을 이해하려고 노력하게 됩니다. 그렇기에 헤어지는 과정에서 어려움을 경험할 수도 있지만 데이트 폭력에 대한 결론은 하나입니다.

"단호하고 확실하게 헤어지는 일뿐입니다."

데이트 폭력 가해자의 성향

데이트 폭력에 시달리는 여성들이 흔히 하는 말 중에 이런 호소가 있습니다.

"이 남자는 사실 집착하는 것만 고치면 정말 괜찮거든요. 어떻게 할 수 있을까요?"

이 질문은 전제부터 틀렸습니다. 다른 부분은 다 좋고, 단지 이것만 고치면 된다고 생각하면 절대 안 됩니다. 이런 성향은 다른 긍정적인 부분을 모두 상쇄할 만큼 가장 나쁜 부분이기 때문입니다.

이런 성향은 다른 성격적인 문제가 있음을 알려 주는 소견입니다. 또한 성격이란 한 순간에 형성된 것이 아니고 평생을 두고 구축되어 온 것이기에 쉽게 바뀌지 않고, 그 사람 스스로가 큰 문제 아니라고 생각하는 경우가 많아 더욱 바꿀 수 없습니다.

집착하고 위협적인 연애 상대는 겉으로는 사과하면서도 마음속으로는 반성하지 않습니다. 그 대신 상대에 대한 애정과 걱정이 너무 커서 잘못된 방향으로 나갔다고 생각합니다. 일부 행동은 잘못되었을 수도 있지만 그럴 수도 있는 일이라며 자기 합리화를 하기도 합니다.

이런 성향의 사람은 낮은 자존감을 가지고 있는 경우가 많습니다. 내가 여유롭지 못하니 다른 사람이 나에게 상처를 줄 것 같고, 그래서 나를 버리고 떠나갈 것 같은 불안을 쉽게 느낍니다.

그래서 자존감이 낮은 사람의 연애는 항상 불안합니다. 잠깐 연락이 되지 않는 별것 아닌 상황에서도 마치 다른 사람을 만나는 것처럼 큰 불안을 느끼고 자기 혼자 온갖 종류의 망상을 하며 생각을 이어 나가기 때문입니다.

이런 불안감을 피하기 위해서는 상대방이 온전히 자신의 통제 하에 있어야 안심이 됩니다. 그렇기에 상대방의 일거수일투족을 시시콜콜 알려고 합니다.

자기 말고 다른 관계에 대해 통제하면서 자신과의 관계에 더 집중하기를 바라는 것입니다. 그렇게 되면 연인에서의 애정은 사라지고 상대방을 완전히 지배하고 통제하려는 마음만 남게 됩니다.

이런 성향의 사람은 만약 어떤 상대와 헤어지고 새로운 연인을 만날 때도 똑같이 집착이 반복될 것입니다. 그는 사랑해서 집착하는 게 아니라 그냥 집착하는 사람이기 때문입니다.

이런 사람의 성향을 바꿀 수 있을 거라는 잘못된 믿음을 품지 않았으면 합니다. 그럼에도 불구하고 이런 사람과 관계를 계속 유지하고 싶다면, 그가 바꿀 수 없는 그런 나쁜 성향을 가졌음에도 내가 그 부분을 참고 견디며 이 사람을 평생 사랑할 수 있다고 생각할 때 만남을 이어 가야 합니다.

무서운 연애, 제가 헤어질 수 있을까요?

데이트 폭력에 시달리는 여성들 중에는 이런 호소를 하는 경우가 많습니다.

"그 사람과 헤어지는 게 무서워요. 헤어지려고 하면 극단적인 말을 해요. 그래도 저는 그 사람이 잘못되는 건 싫거든요. 너무 무서운 마음에 그냥 용서를 해주는 경우도 있었어요."

그런가 하면 데이트 폭력을 겪은 사람은 상대방과 헤어진 후에 고통을 겪기도 합니다. 연락을 자주 하면서 스토킹을 하거나 때로는 죽어 버리겠다면서 협박을 하기도 합니다.

이러한 상황이라면 상대와의 이별이 무서운 것은 당연하며, 그래서 그냥 용서하고 만나려는 마음이 이해가 가기도 합니다. 하지만 이런 무서움의 감정이 반드시 헤어져야만 하는 더 큰 이유입니다. 지금 느끼는 어려움의 크기는 시간이 지난 후에는 분명히 더 커질 것입니다. 지금 용기를 내지 못하면 더 오랜 시간 동안 힘들어해야 합니다. 따라서 이렇게 말하는 것은 결코 옳지 않습니다.

"헤어지려고 하는데, 지금은 아닌 것 같아요. 기회를 봐서 나중에 헤어지려고 해요."

지금 결단을 내리고 선택을 하지 않으면 나중에도 선택을 하지 못하는 상황에 몰리게 됩니다. 영원히 폭력의 굴레를 벗어나지 못한다는 뜻입니다.

이 좋지 못한 연애를 마무리하는 과정에서 자신을 너무 비난하지 않았으면 합니다. 사람을 제대로 평가하지 못한 점, 더 일찍 결단을 내리지 못한 점에 대해 스스로를 몰아붙이지 말았으면 합니다.

그냥 집착하는 사람을 만나서 피해를 본 것뿐입니다. 주변에서 어떤 범죄가 발생했을 때 우리는 피해자를 탓하지 않습니다. 가해자가 이상하고 잘못한 것입니다. 피해자인 스스로를 지나치게 자책하는 것은 옳지 않습니다.

물론 이런 연애가 자주 반복된다면 자신을 돌이켜 볼 수는 있습니다. 가끔은 유독 이런 나쁜 남자 스타일에 끌리는 것은 아닌지 생각해 보면 좋을 것입니다.

자책과 반성은 전혀 다른 이야기입니다. 반성은 과거를 통해 앞으로 나아가는 과정이지만 자책은 과거에 대해 생각하면서 자기 자신을 비난하는 일이기 때문입니다.

잠시 기다리다 보면 이번 연애에서 경험했던 상처도 분명히 아물게 되고, 그 사람이 주었던 고통도 지나갈 것입니다. 고생했던 기억은 남겠지만 이전에 느꼈던 강렬한 감정은 점차 희미해질 것입니다. 그리고 어느 정도 시간이 지나면 괜찮은 사람이 찾아오고, 흔히 말하는 평범한 연애를 하게 되는 날이 다가올 것입니다.

집착하는 사람, 위협적인 사람과의 연애로 어려움을 겪는 사람에게 정신건강의학과 의사는 이렇게 전하고 싶습니다.

"데이트 폭력이 있다면 분명히 정리를 해야만 합니다. 시간이 흐르면 더 심해지고 벗어나기가 어려워집니다. 그 사람은 사랑해서 그러는 게 아닙니다. 그냥 집착하는 사람일 뿐입니다. 헤어지는 과정이 무섭고 힘들다면, 그것이 지금 헤어져야만 하는 이유입니다. 현재의 상처도 아물고, 더 좋은 사람과 평범한 연애의 행복을 경험하는 날은 곧 찾아오기 마련입니다."

자신감 빼면

아무것도 없는 친구 이야기

　

고등학교 친구가 한 명 있어요. 그는 예전부터 모든 일에 자신감이 넘치는 모습이었어요. 다들 긴장하는 시험날 아침에도 걱정할 것 하나도 없다는 듯이 혼자서만 여유 있는 모습을 보이곤 했죠. 막상 시험 결과가 그렇게 썩 좋지는 않은데도 말이에요.

얼마 전 오랜만에 동창 모임에서 봤는데, 여전하더라고요. 서로 안부를 묻게 됐어요. 누가 봐도 그렇게 대단한 대학을 나오거나 좋은 직장에 다니는 것도 아닌데, 회사의 미래를 봤다는 둥 여전히 말이 많고 자부심이 높더라고요.

요즘 유행하는 투자 이야기를 하는데, 자기가 다 해봤다며 전문적인 이야기를 줄줄 하기 시작했어요. 워낙 자신 있게 이야기를 늘어놓고 너무 그럴듯해 보여서 조금은 멋있어 보였어요. 그런데 집에 와서 찬찬히 찾아보니 틀린 이야기도 있고 과장한 부분이 상당히 많더라고요.

　이 친구가 워낙 자신 있게 말하니까 말대로 했다가 손해를 봤다는 친구들도 있고, 모든 상황에서 한결같이 잘난 척만 해대니깐 친구들 사이에서 점차 여론이 안 좋아졌어요. 그런데도 정작 본인은 전혀 신경을 안 쓰는 것 같아요.

　이 친구는 여전히 입만 열면 자기 말이 확실하다고 큰소리를 쳐요. 남의 충고나 조언은 받아들일 생각을 전혀 하지 않습니다. 자신감이 지나쳐서 주변을 불편하게 만드는 이 친구는 대체 왜 이러는 걸까요?

근자감이 너무 심한 사람,
어떻게 해야 할까요?

❝ 누군가의 근거 없는 자신감에 상처받고 있다면 ❞

근자감과 더닝 크루거 효과

우리 주변에는 앞 사례에서 본 것처럼 과도하게 자신감을 보이는 사람들이 있습니다. 그런 사람을 자세히 보면 그렇게 자신감 있고 잘난 척을 할 만한 이유가 별로 없는데도 어디를 가나 큰소리를 치고 어떤 상황에서도 당당한 자세를 잃지 않습니다.

우리는 이런 사람들에 대해 '근자감'이라는 표현을 쓰곤 합니다. '근거 없는 자신감'이라는 뜻으로, 분명하게 이유가 있는 것 같지도 않은데 자신감이 아주 높은 사람에 대해 부정적인 의미로 쓰이는 말입니다.

이런 사람이 주변에 있을 때는 피곤해집니다. 나와 직접적인 관련이 없다면 눈에는 좀 거슬리지만 그런대로 웃으며 넘어갈 수 있습니다. 하지만, 학교나 직장처럼 피할 수 없는 환경에서 이런 사람을 만나면 몹시 괴로워집니다.

그는 확실한 근거가 있는 것도 아닌데 자신의 말이 확실하다고 주장합니다. 주변의 조언에는 전혀 귀를 기울이지 않는 그는, 자신의 의견대로 길게 훈계를 하거나 의견이 다른 사람들과는 논쟁을 하기도 합니다. 대체 이렇게 근자감이 심한 사람은 어떤 마음인 걸까요?

1999년 미국 코넬대학교 심리학과 데이비드 더닝David Dunning 교수와 대학원생 저스틴 크루거Justin Kruger가 실험을 진행했습니다.* 65명의 대학생들을 상대로 심리 테스트를 했는데, 테스트 후에 자신의 성적에 대해 스스로 예상해 보라고 했습니다.

그 결과, 실제 성적이 하위 25%에 해당하는 학생은 자신이 상위 40% 이상일 거라면서 자기의 실력을 과대평가하는 경향을 보였

---

* Kruger, Justin; Dunning, David(1999). "Unskilled and Unaware of It: How Difficulties in Recognizing One's Own Incompetence Lead to Inflated Self-Assessments". Journal of Personality and Social Psychology. 77(6): 1121-1134. CiteSeerX 10.1.1.64.2655.

습니다. 반면에 실제 상위 25%에 해당하는 학생들은 자신이 상위 30% 이하일 거라면서 자신의 실제 성적에 비해 과소평가하는 경향을 보였습니다. 그리고 이 테스트 외에 이어진 유사한 실험에서도 모두 비슷한 결과를 보였습니다.

성적이 좋은 학생은 자신이 모르고 있는 부분을 정확히 알고 있고, 자신이 아는 부분은 기본적인 것이기에 다른 학생들 역시 알고 있을 거라고 짐작합니다. 다른 학생들의 실력을 높게 보고, 그래서 겸손한 선택을 했던 것입니다.

반면에 성적이 나쁜 학생들은 자기가 모르는 부분이 뭔지를 제대로 알지 못했습니다. 그리고 그런 실력을 바탕으로 다른 사람을 보기 때문에 다른 학생들의 실력을 낮게 평가하면서 자기 실력을 과신했던 것입니다. 이 실험 결과를 정리한 것이 바로 '더닝 크루거 효과Dunning Kruger effect'입니다.

잘 모르고 있다는 것을 모르는 사람

더닝 크루거 효과의 실험을 도표로 정리하면, 지식이 매우 부족한 상태에서는 오히려 자신감이 가득 차 있다는 사실을 알 수 있습니다.

바로 이 부분이 근자감에 해당하는데, 이것은 아무것도 모르기 때문에 자신이 모른다는 사실조차 모른다는 것을 말해 줍니다. 그

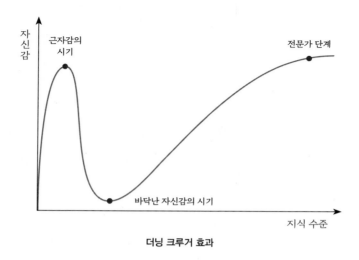

더닝 크루거 효과

래서 그들은 자신이 아주 조금 아는 것을 꽤 많이 아는 것으로 여기는 것입니다.

　도표를 보면, 학습이나 경험을 통해 약간의 지식이 생겨서 어느 정도의 역치를 넘으면 자신의 부족함을 깨닫게 된다는 사실이 나타납니다. 이제는 자신이 잘 모른다는 것 정도는 알 수 있게 된 것입니다. 그래서 이 시기에는 실력에 대한 자신감이 매우 낮습니다.

　이는 점차적으로 학습을 하고 지식이 증가하게 되면서 자신감이 조금씩 상승한다는 사실을 말해 줍니다. 이 과정을 거치면서 점점 전문성을 가지게 되는데, 이 시간들이 오래 쌓이면서 흔히 말하는 전문가가 되는 것입니다. 이 실험에서 특히 재미있는 사실은 내가 능력이 얼마나 부족한지, 내가 어느 정도의 수준에 있는지 알 수 있으려면 최소한의 지식이 필요하다는 사실입니다.

반면에 무지한 사람은 자신의 능력이 부족한 줄도 모르기 때문에 문제가 생깁니다. 그래서 자신의 수준을 실력에 비해 아주 높게 평가하는 것입니다.

반면에 상대방의 수준에 대해서도 제대로 알아보지 못하기 때문에 지나치게 평가절하합니다. 실력이 뛰어난 전문가를 앞에 두고도 그가 전문가인지 알아보지 못하는 것은 근자감의 주인공들에게서 흔히 나타나는 현상입니다.

앞에 소개한 사례의 친구는 자신이 부족하다는 사실조차 잘 모르는 상태입니다. 그래서 항상 자신감이 넘치고 확신에 차서 말하고 행동하는 것입니다.

이런 사람이 자주 사용하는 단어들이 있는데 '확실해!', '100% 야!', '절대 틀릴 리가 없어!' 같은 단호한 말들입니다. 찰스 다윈은 이런 사람에 대해 "무지는 더 확신을 가지게 한다"라고 말했습니다. '무식하면 용감하다'는 말과 같은 뜻을 가진 이런 표현은 근자감의 밑바닥에 있는 심리를 가장 잘 표현하는 문장일 것입니다.

내 주변의 근자감 있는 사람, 어떻게 대해야 할까?

"상사는 아침부터 회의 시간에 길게 이야기를 합니다. 업무 처리를
하는 데 있어 자기만의 오랜 방식에 대해 장시간 연설을 합니다. 요
즘은 그런 방식으로 일하지 않는데도, 그는 자신이 아직도 그 방면
의 전문가인 것처럼 행동합니다. 그는 자주 화를 냅니다. 자신의 방
식에 토를 달면 건방지다, 경솔하다며 분노를 표출합니다. 그래서
직원들은 이제 그 사람 앞에서는 입을 다물게 됩니다. 이렇게 직원
들이 잠자코 듣고만 있으니 이제는 자신의 말이 전부 맞다고 느끼는
것 같습니다."

이따금 만나는 사람이 이런 근자감의 소유자라면 그냥 넘어갈 수
도 있습니다. 하지만 직장 상사와 같이 계속해서 만나야 하는데, 때
때로 직접적인 피해를 준다면 어떻게 해야 할까요?

먼저 그 사람의 근자감 정도가 어느 정도인지를 평가해야 합니
다. 근자감이 삶의 일부나 특정 분야에 국한되는 것인지, 아니면 삶
의 전반에 널리 퍼져 있는지 평가해 봐야 한다는 이야기입니다.

어느 정도의 근자감은 대수롭지 않게 넘어갈 수도 있습니다. 사
실 이런 경향성은 어느 정도 보편적인 일이기도 하고, 보통 사람들
한테는 긍정적인 부분일 수도 있기 때문입니다.

하지만 이런 식의 무분별한 자신감이 그 사람의 인생 전반에 널리 퍼져 있다면 이야기가 다릅니다. 이런 케이스는 반드시 다른 성격적인 문제가 동반되고 있음을 의미하는 소견이기 때문입니다.

이들은 다른 사람에게 공감하지 못하고 자기만이 특별하다고 생각하는 나르시시스트적인 경향일 수 있고, 다른 사람이 자신의 의견과 반대되는 의견을 내는 것을 자신에 대한 강한 반항으로 받아들이는 편집적인 경향일 수도 있습니다.

무작정 논쟁보다는, 존중과 논리적인 접근을

누군가 이런 성격 경향을 보일 때 이것을 개선시키려고 계속 소모적 논쟁을 펼쳐서는 안 됩니다. 그 사람이 평생 동안 쌓아 온 이런 성격 경향을 주변인들이 바꾸는 것은 완전히 불가능한 일이기 때문입니다.

게다가 본인 스스로는 그로 인한 문제가 전혀 없기 때문에 누구한테 조언이라도 들으면 심한 모욕으로 느끼는 경우가 많아서 더 화를 내며 괴롭힐지 모릅니다. 그래서 그런 사람과는 최소한의 관계를 유지하면서 표적이 되지 않도록 하는 게 좋습니다.

근자감을 가진 사람이 주장하는 바를 들여다보면 전혀 근거가 없는 주장을 펼치는 것은 아닙니다. 하지만 그 근거의 증거나 참조가 될 만한 사항들이 부족한 경우가 많습니다. 그는 전문가의 의견이라고 말하는데 그가 말하는 전문가가 누군지 명확하지 않다든지, 일부는 맞는 내용지만 전체가 옳은 것은 아닌 내용을 비약하여 근거로 제시하는 일도 빈번합니다.

그런가 하면 논리가 조금 부족한데도 자신을 지지해 주는 일부 사람들에 기대거나 아부하고, 자신의 의견에 아예 침묵하는 사람들을 자기편이라고 여겨 자신의 주장을 계속 몰아붙이기도 합니다. 이런 행동은 논리보다는 숫자나 말다툼으로 승부를 보려는 것입니다.

이런 경우에는 내 주장을 관철시키기 위해 가능한 한 정확한 근거를 제시하는 게 좋습니다. 확실한 증거가 있는 주장을 펼치고, 그보다 더 상위 명제에 대한 이야기를 제시하면서 설득력을 갖추는 것이 필요합니다.

이 과정에서 다수결을 통해 의견을 결정하기보다는 가능한 여러 사람을 포함시킨 토론으로 진행하는 편이 좋습니다. 그리고 토론에 참여하는 사람들은 여러 이해관계를 가진 사람들이 포함되면 좋습니다.

그리고 여러 의견을 객관적으로 평가할 수 있는 중간자와 상대방과 동일하거나 우위에 있는 사람을 포함시키는 것도 좋습니다. 이런 식으로 숫자의 힘에 의한 토의 결정이 아닌 정확한 논리로 토의를 할 수 있는 환경을 만들어야 합니다.

이 과정에서 가장 중요한 것은 상대의 기분을 상하지 않게 해야 한다는 점입니다. 상대의 의견에 대한 토의를 그 사람에 대한 비판이나 도전으로 느끼지 않도록 주의해야 합니다. 근자감을 가진 사람들은 경쟁심이 높고 자존심이 굉장히 강해서 쉽게 모욕감을 느끼기 때문입니다.

논리에서 밀리는데 감정까지 건드리면 자신의 실수나 문제를 받아들이는 것은 더 어려워집니다. 상대방도 물러날 곳이 있어야 인정할 수 있습니다. 상대방의 의견과 감정에 대한 비난은 피해야 하고, 최대한 존중을 해주면서 논리적인 접근을 해야 합니다.

가끔은 필요한 근자감이 필요할 때도 있다

때로는 근자감 자체가 도움이 되기도 합니다. 특히 현대 사회에서는 주변과 항상 비교를 하게 되는데, 예를 들어 SNS에는 잘나고 행복한 사람들이 넘쳐나서 상대적으로 나 자신을 돌아봤을 때 자신감을 잃기 쉽습니다.

이런 상황에서 자신감을 갖는다는 게 무조건 나쁜 일만은 아닙니다. 자신감은 분명히 긍정적인 효과가 있어 새로운 도전을 가능하게 하여 성취를 이루고 발전을 하게 만듭니다. 안주하지 않고 나아가는 데는 때때로 근거 없는 자신감도 필요합니다.

그래서 주변의 이런 근자감 경향을 가진 사람을 활용하는 것도 좋은 전략입니다. 근자감의 소유자들은 감당하기 어려운 일에도 겁 없이 달려들 정도로 행동력이 뛰어납니다. 여기에 더해서 오지랖이 넓다는 말이 어울리는 것처럼 타인에게 친절하고 애정이 많은 모습이기도 해서 사람들의 마음을 얻기도 쉽습니다.

어찌 보면 근자감을 가진 사람의 생각을 이해해 주고 활용하는 것이 좋을 수 있습니다. 특히 내가 이런 사람의 상사라면, 이 사람에 대해 마냥 비난만 할 게 아니라 부족한 지식에 대해 도움을 줄 수 있는 환경이나 방향성을 조언해 주면 좋습니다. 부족한 부분을 채워줄 다른 인력을 같이 활용하면서 근자감을 가진 사람의 행동력을 활용하는 게 좋을 것입니다.

역사 속에서 근자감의 대표적인 인물은 콜럼버스입니다. 신대륙을 발견한 업적에 비해 콜럼버스는 항해술과 지리학 측면에서 실력이 부족했다고 합니다.

콜럼버스가 신대륙을 발견한 것은 항해 지식이 부족해서 잘못된 계산을 했기 때문이라는 말이 있습니다. 제대로 계산을 했다면 위험하게 대서양을 횡단하려는 생각 자체를 하지 않았을 것입니다.

그렇지만 콜럼버스의 신대륙 발견에서 폄하해서는 안 되는 점은 그의 추진력입니다. 제대로 된 후원을 받기까지 그가 온갖 냉대와 무시를 극복할 수 있었던 것은 자신의 신념에 대한 믿음 때문이었을 것입니다.

콜럼버스보다 더 대단한 탐험가들도 하지 못했던 모험을 밀어붙일 수 있었던 추진력은 세계사를 바꾼 대사건으로 보상받을 수 있었습니다.

자신감만으로는 안 된다는 깨달음이 중요하다

근자감에 정신 승리가 더해지면 안 됩니다. 처음 시작에서는 근거나 실력이 미약했을지라도 일을 추진해 나가는 과정에서 점차적으로 실력을 갖춰 나가는 게 필요합니다.

사실 자신의 부족한 부분을 파악하고 받아들이는 것은 때로 가슴 아픈 일이기도 합니다. 이 심리적인 불편감을 회피하려는 강한 경향이 바로 정신 승리입니다. 시간이 지났음에도 실력에 비해 너무 후한 평가만을 반복하며 노력하지 않는 정신의 승리는 변화할 의지가 없는 것과 같습니다.

당연히 진정한 발전과 성취를 위해서는 자신감만으로는 안 됩니다. 만용으로 어느 순간 성공할 수도 있겠지만 이어지는 노력과 경험이 뒷받침되어야 합니다.

계속해서 근거 없는 자신감만 유지하면 결국에는 아무것도 성취할 수 없고, 그저 자신과 주변 사람을 힘들게만 할 뿐입니다.

주변에 근자감이 있는 사람으로 인해 불편감을 경험하는 분들에게 정신건강의학과 의사는 이렇게 이야기합니다.

> "너무 기분 상하지 않았으면 합니다. 그는 정말 잘 몰라서, 자기 실력이 부족하다는 것조차도 몰라서 말이 많은 것뿐입니다. 그냥 웃어넘길 수 있으면 좋지만, 물러설 수가 없을 때가 있습니다. 가능한 한 근거가 있는 정보를 제시해야 하고, 논리적인 토의를 할 수 있는 상황에서 대화를 해야 합니다. 이 과정에서 근자감을 가진 사람의 감정을 건드리지 않고 설득해 나가는 것이 관계 유지에 도움이 됩니다."

정신건강의학과 의사로서 많은 이야기를 듣습니다. 건네는 이야기마다 자기만의 사연을 담아서 저를 찾아오십니다. 운이 좋게도, 저는 다른 곳보다 충분하게 이야기를 나눌 수 있는 시간과 여건이 주어지는 병원에서 근무해 왔습니다.

그럼에도 진료와 일상에 쫓겨 다 다루지 못하는 이야기가 있곤 했습니다. 정신과를 찾는다는 망설임에 하고 싶은 이야기가 있음에도 마음 한구석에 꾹꾹 눌러두다가 외려 상처가 너무 커져 버린 분들도 많았습니다.

저는 진료실에서 다 하기 어려운 이야기들을 다루기 위해 글로 전하기 시작했습니다. 현실적인 제약 때문에 자세히 다루지 못하는 내용들, 간단하게 몇 마디 말로는 쉽게 설명하기 힘든 이야기, 막연히 도움이 필요하다고 생각은 하지만 정신과 방문을 고민하시는 분들을 위해 글을 썼습니다.

처음에는 개인 블로그에 글을 썼는데, 좋은 반응을 받아 정신건강

저널인 정신의학신문이나 네이버 홈페이지 건강소식에 제 글이 연재되기도 했습니다. 과분한 관심과 따뜻한 피드백을 보내 주신 독자 여러분이 이 책을 출간하는 계기가 되었습니다.

글을 쓰는 게 숙제처럼 느껴지고 종종 매너리즘에 빠질 때도 있었지만 저의 글이 자신의 이야기를 하는 것 같다며 감사의 글을 전한 분들, 제 글을 보고 아주 멀리서 직접 찾아와서 자신의 이야기를 전해 주신 분들. 진료를 받으면서 감사하다며 손편지를 전해 주신 분들⋯⋯. 모든 분들 덕분에 많은 부족함에도 불구하고 이 책을 완성하는 동력이 되었습니다.

이 책이 일상의 어려움을 겪는 분들에게 작은 도움이 되길 바라며 이야기를 마무리합니다. 책을 읽어 주신 분들께 진심으로 감사드립니다.

저의 지지 대상이 되어 주시는 분들에게 이 글로 감사의 마음을 전합니다. 세상에 나아갈 수 있도록 나를 만들어 주신 어머니, 그리고 나의 누이. 함께 있을 때면 철없던 시절의 나로 돌아가게 만드는, 언제나 정겨운 친구들. 정신과 의사로서의 길을 열어 주신 스승님 그리고 선후배님들. 마지막으로 평범한 일상이 특별한 하루가 되게 만들어 준 나의 딸 아현과 보석 같은 마음을 가진 사랑하는 아내 전민경 님께 이 책을 바칩니다.

스스로에게
무례한 _____ 너에게

초판 1쇄 인쇄일 2023년 6월 15일
초판 1쇄 발행일 2023년 6월 22일

지은이   임찬영
발행인   양혜령
주간   이미숙
책임편집   김진아
책임디자인   김은주
책임마케팅   조명구
경영지원   이지연

발행처   홍익피앤씨
출판등록번호   제 2023-000044 호
출판등록   2023년 2월 23일
영업본부   경기도 고양시 백석동 1324 동문굿모닝타워 2차 927호
대표전화   02-323-0421
팩스   02-337-0569
메일   editor@hongikbooks.com

이 책은 《그것은 당신의 잘못이 아닙니다》의 재출간입니다.

홍익P&C는 HONGIK Publication & Communication의 약자입니다.

ISBN   979-11-982552-9-7 (03190)